JN437580

종가의 제례와 음식 11

성산이씨 응와 이원조 종가

종가의 제례와 음식 11
성산이씨 응와 이원조 종가

국립문화재연구소 편

1판 1쇄 인쇄 2006. 12. 20.
1판 1쇄 발행 2006. 12. 28.

발행처 도서출판 월인
발행인 박성복
기획 박상국(국립문화재연구소 예능민속연구실장)
글 김경선 · 최숙경
사진 서헌강

등록번호 제6-0364호
등록일자 1998. 5. 4.

서울특별시 강북구 수유2동 252-9 우편번호 142-879
전화번호 02)912-5000, 팩시밀리 02)900-5036

값은 표지에 있습니다.
ISBN 978-89-8477-347-9 04900
89-8477-297-6 (세트)

홈페이지 http://www.worin.net
이메일 worinnet@hanmail.net

종가의 제례와 음식 11

성산이씨 응와 이원조 종가

宗家

국립문화재연구소 편

도서출판 월인

종가의 제례와 음식 시리즈를 발간하며

이 책은 사라져 가고 있는 우리의 소중한 종가문화를 고집스럽게 지켜 가고 있는 명문 종가의 '전통제례와 음식문화'를 사실 그대로 조사 · 기록하여 전통문화의 생생한 전승자료로 활용하기 위해 기획되었다.

우리가 '종가의 생활문화'에 주목하는 것은 종가가 우리 문화의 근본이라 할 수 있는 유교문화의 전승주체이기 때문이다. 그러므로 종가문화에 대한 면밀한 기록 · 보존이 선행될 때 우리는 서구화의 거센 문화적 변화에도 능동적으로 대처할 수 있는 기반을 마련할 수 있을 것이다.

다행스럽게도 우리 주변에는 문묘文廟, 종묘宗廟, 서원 등에 배향되어 있는 명유名儒의 종가들이 불천위 제사, 묘제, 길제 등의 전통적인 봉제사奉祭祀 풍속을 지켜 가고 있어 우리 문화 보존의 좋은 본보기가 되고 있다. 따라서 국립문화재연구소에서는 전통적인 생활양식이 급격히 사라져 가고 있는 상황에서 더 늦기 전에 종가의 생활문화에 대한 종합적인 조사연구를 실시하여 이들이 전승하고 있는 전통제례의 봉행과정과 제사음식 등 종가문화의 실상을 기록하기로 뜻을 모았다.

『종가의 제례와 음식』 11권 「성산이씨 응와 이원조 종가」 편에서는 불천위 제사, 묘제, 차례의 제례 봉행과정 전반과 제사음식의 종류와 조리과정 등을 사진과 함께 상세히 수록하여 종가 제례문화의 현장을 생생히 볼 수 있도록 제작하였다.

전통의 재현물이 진정한 전통문화의 현장을 대신하고 있는 상황에서 『종가의 제례와 음식』이 우리의 전통문화유산을 이해시키고 전승시켜 나가는 데 기초자료로 활용되기를 기대한다.

2006년 12월

국립문화재연구소

차례

제3장 응와 이원조 종가의 제사음식

성산이씨 응와
이원조 종가

이원조(1792~1871)는 조선 후기의 문신이며 성리학자.
자는 주현이며, 호가 응와 또는 호우이다.

제1장

응와 이원조 종가의 내력

응와 이원조

생애

이원조李源祚(1792~1871)[1]는 조선 후기의 문신이며 성리학자로 자가 주현周賢이며, 호가 응와凝窩 또는 호우毫宇이다. 응와는 1792년(정조 16) 2월 6일 경북 성주 대포리(한개마을)에서 국자생원 형진亨鎭(호 함청헌)과 함양박씨 사이에서 태어났다. 백부 규진奎鎭(호 농서)이 아들이 없어 입양하여 종계를 이었다.

8세에 학업을 시작하여 불과 2년 만에 주역을 제외한 사서이경을 모두 암송하고 문의에 막힘이 없었다. 일찍이 입재 정종로에게 수학하였고, 1809년(순조 9) 18세에 증광별시에 응시하여 최연소로 급제하고, 이 해 겨울에 승정원가주서를 시작으로 벼슬길에 나아갔다.

1_ 성주군, 『성주한개마을 종합학술조사보고서』, 2004 참조.

27세에 당하관의 최고 품계인 통훈대부가 되었고, 50세에 정3품 통정대부에 승품하여 당상관이 되었으며, 65세에 다시 종2품 가선대부에 승진하였다. 그 사이에 거친 주요 관직은 성균관의 전적과 직강, 사헌부의 지평과 장령, 사간원의 정언과 대사간, 승정원의 좌승지 및 군자감정, 병조참판 등이었다.

72세 되던 1863년 철종이 승하하고 고종이 즉위하였다. 신왕의 등극 초기인만큼 조야에 위정대요爲政大要를 묻는 조서를 내렸다. 이에 응하여 응와는 이른바 「一本四要疏」를 올렸다. 군주의 마음이 정치의 근본이므로 '성실공평' 의 네 자로 마음을 세우고 수신修身 · 휼민恤民 · 용인用人 · 여세勵世를 정치의 요점이라고 지적한 후 방법을 제시하였는데, 이 소는 당시의 실권자였던 흥선대원군의 주목을 받았다. 고종은 "진술한 바의 조목들이 모두 근원이 있고 요령을 얻었으니 마땅히 유념하겠다. 향약을 다시 부활하고 삭강과 경학으로 인재를 천거하는 제도를 다시 시행하자는 의견들은 정도를 밝히고, 사설을 막기에 모자람이 없으니 정말 훌륭한 의견이다. 묘당에 보내어 이 일을 처리하도록 하겠다."라는 이례적으로 긴 비답을 내렸다. 의정부로 이송된 소의 내용을 검토한 영의정 김좌근은 일본사요의 내용을 조정의 정책에 적극 반영할 것과 향약 · 삭강 · 5가작통의 옛 제도들을 전국적으로 확산시켜 나가도록 하였다.

이러한 일련의 과정을 거치면서 새 조정은 전조의 원로인 응와의 경륜을 주목하여 74세의 응와를 한성판윤으로 특별히 발탁하였다. 한성판윤은 육조의 판서들과 함께 조정의 핵심인 9경의 일원이었으며, 특히 당시는 경복궁을 중건하는 대역사를 시작할 즈음이었으므로 그 직책의 비중이 강화되어 있던 시기였다. 응와는 즉시 임무를 감당할 수 없음을 들어 사직소를 올렸으나 "경은 사양하지 말고 직무를 수행하라."는 비답을 받았다. 그해에 기로소에 들어갔다. 기로소는 정2품 이상의 관리 중에서 70세 이상 된 자를 예우하기 위하여 설치한 관청이다. 국왕도 연로하면 여기에 참가하였기 때문에 관청의 서열로는 으뜸이었다. 기로소에 들어가게 되면 도화서의 화공이 두 본의 영정을 그려 한 본은 기로소의 영수각에 비치하고 한 본은 개인에게 보내어 보관하게 하는데 오늘날 종가에 전하는 응와의 영정은 이 때 그려진 것이다. 이즈음 응와는 부인의 부음을 듣고 모든 직책을 사퇴한 뒤 고향으로 내려왔다.

이듬해인 1866년 75세에 응와는 다시 공서판서에 임명되었다. 그러나 그는 고향에 내려와 있었기 때문에 즉시 부임할 형편이 아니었고, 공조판서의 직책은 경복궁 중건의 일로 해서 잠시도 비워둘 수 없었던 관계로 곧 교체되었다. 그가 실제로 공조판서로서의 직무를 수행하지는 못했지만 대역사를 추진하는 과정에서 이를 직접 관할하는 한성부와 공조의 책임자로 그를 거듭 발탁하였던 것을 보면 당시 조정에서의 그의 인망을 짐작할 수 있다.

외직으로는 35세에 충청도 결성현감에 부임한 이래, 49세에 강릉부사, 50세에 제주목사, 55세에 자산부사 그리고 58세에 경주부윤 등 전후 다섯 차례 지방의 수령직을 역임하였다. 지방을 맡아 다스릴 때는 유학의 장려와 문란해진 삼정의 정비를 통한 민생의 안정에 주력하였다. 결성과 강릉, 자산에는 떠나오고 난 뒤 고을 사람들이 각기 유애비와 선정비 · 흥학비를 세웠으며, 오늘날 제주의 향토사가들은

응와 이원조의 영정

김정 · 이형상과 함께 제주의 세 분 어진 목사로 손꼽고 있다.

응와에게는 그의 인물을 기리는 여러 일화가 전하고 있다. 모부인 박씨가 황룡이 비천하는 꿈을 꾼 뒤 그를 잉태하였다는 태몽을 비롯하여 과거를 보러 서울에 올라가는 도중에 충주의 어느 주막에서 범에게 잡혀먹힐 뻔 하였으나 꿈에 현몽을 얻어 모면하였다는 일화가 있다. 그 밖에 경주부윤으로 있던 시절에 암행어사 김세호에게 뇌물을 거절하였다가 파직되어 고향으로 돌아와 가야산 북쪽 기슭에 만귀정을 지어 제자를 양성하였다. 철종 때에 성주에서 민란이 일어나자 직접 폭도들을 설득하여 물러나게 하였으며, 대원군의 섭정 때에는 우국충정의 소를 올려 대원군을 감동시켰다는 일화가 유명하다.

1869년(고종 6) 78세 되던 해에는 대과급제 60주년을 기념하는 회방回榜을 맞게 됨으로써 전례에 따라 정헌대부에 승차하였으며, 1871년에는 다시 종1품인 숭정대부에 올라 용양위상호군 겸 판의금부사에 승진하였으나 취임하지 않았다.

응와는 그해 8월 2일에 80세를 일기로 생애를 마감하였다. 부음을 들은 조정은 3일 동안 조회를 폐하고 애도하였다. 12월에 명계산鳴溪山에 안장하니 장지에 모인 자가 1,000여명이었다. 세상을 떠난 지 10년 뒤인 1881년(고종 18)에 '정헌定憲' 이라는 시호가 내렸으며, 고종은 예조좌랑을 보내어 가묘에 치제하였다.

장수지지藏修之地인 가야산록 만귀정에 문도들이 선생의 학덕을 기리기 위한 흥학비興學碑를 쇠로 만들어 세웠고, 1908년(순종 2)에는 그의 고향인 한개마을 앞에 신도비를 세웠다.

1913년에 묘지를 합천 숭산으로 이장하였고, 뒷날 영남 유림들이 도회를 열어 그의 제사를 불천위로 할 것을 의결하여 지금까지 종가에서 봉행하고 있다.

성산이씨 가계

성산이씨는 후삼국시대의 인물로 고려의 개국공신이 된 이능일李能一을 시조로 한다. 이능일은 원래 신라의 변방세력이었으며, 고려 925년(태조 8)에 후백제 견훤이 군사를 일으켜 조물성(지금의 김천시 조마면)을 침공하자 고려 태조는 이능일의 도움을 받아 전쟁을 승리로 이끌었다. 이후 고려 태조는 후삼국을 통일하였고, 이에 공신들을 포상하였는데, 이능일에게는 삼중대광사공성산군三重大匡司空成山君을 봉하였고, 정순대장궁주淨順大長宮主를 배필로 삼게 하였으며, 성산군을 봉지로 하사하였다. 940년(태조 23)에는 전국의 지방 행정구역을 개편하면서 성산군 주변의 5현을 통합하여 경산부로 승격시켰다.

오늘날 성주읍 경산 일대는 이능일의 세거지로 알려져 있고, 그 자리에는 당시에 만들어 이용하였던 우물이 지금도 남아있다.

한개마을[2]은 조선 세종 때에 성산이씨 시조로부터 15세손 되는 이우李友에 의하여 개척되었다. 이우는 세종조에 진주목사를 역임하

2_ 앞의 책 참조.

였고, 1445년(세종 27)에 보공장군으로 경기좌도 수군첨절제사를 지냈다. 이우가 관직을 마치고 어전에서 사직인사를 올릴 때에 세종임금께서 그에게 고향을 물으시고 왕자들의 태장이 있는 서진산 밑으로 이사하도록 이르셨다는 것으로 구전되고 있다. 따라서 성산이씨들은 이우 조상을 한개의 입향조로 하고 있다.

한개마을에서 처음 과거에 급제한 사람은 21세 이정현李廷賢이다. 이정현은 응와의 7대조이고, 자는 원로, 호는 월봉月峰이다. 약관에 한강 정구의 문하에서 학문을 익혔고, 1612년(광해군 4)에 문과 식년시에 급제하여 홍문정자를 역임하였으나 26세에 요절하였다. 비록 현달하지 못하고 일찍 세상을 떠났지만 한개마을에서 처음으로 문과에 급제하여 실직에 임명된 사실은 이들 일문의 위상을 높이는 계기가 되었다. 이로부터 조선 말기까지 한개마을에서는 9인의 대과급제자와 24인의 소과급제자를 배출하여 영남 일대에 명성을 떨치게 되었다. 그들은 선비정신의 근본을 입지立志에 있다고 생각하였으며, 예와 의를 존중하고 불의를 용납하지 않았다. 뿐만 아니라 덕을 재보다 우위에 두고 학문을 중시하고 처신을 신중히 하였다.

이정현의 아들 이수성李壽星은 자가 여응汝應이고, 호는 한포寒浦인데, 완석정 이언영의 문인이며 형조참의에 증직되었다. 성산여씨 부인과의 사이에 달천 · 달우 · 달한 · 달운의 네 아들을 두어 한개마을 성산이씨는 이로부터 백파 · 중파 · 숙파 · 계파의 4파로 분파되는데 숙파조 이달한李達漢이 응와의 5대조이다.

응와의 고조부는 이달한의 셋째아들 이이신李爾紳이다. 그의 아들 이석문李碩文에 이르러 성산이씨 일문은 다시 충의가로서의 문지를 높이는 새로운 전기를 마련하였다.

응와의 증조부인 이석문은 자는 사실士實이고 호가 돈재遯齋이며, 북비공北扉公으로 세상에 더 잘 알려져 있다. 이석문은 1739년(영조 15)에 근무과勤武科에 급제하여 선전관이 되었으며, 이후 사도세자가 대리서정하던 때에 다시 무신 겸 선전관으로 발탁되었다가 의금부 도사가 되었다. 그 후 1762년(영조 38)에 그의 나이 50세 때에 다시 무겸을 제수받아 봉직하던 중 마침 영조가 세자를 죽이고자 휘녕전으로 거동할 때 어가를 배종하였다. 그는 뒤주 속에 갇힌 세자를 구하려고 세손(후일 정조)을 등에 업고 어전에 나아가 간하였으며, 뒤주에 돌을 들어 놓으라는 어명을 끝내 거절하다가 영조의 노여움을 사서 관직을 삭탈당하고 낙향하게 되었다.

이후 그는 향리에서 절의를 지키다 생을 마쳤다. 그가 낙향 이후 사도세자를 그리워하며 남향의 문을 북향으로 고친 사실이 일화로 전하고 있으며 이로 인해 세상 사람들이 그를 북비공이라 불렀다. 후일 영조가 세자의 일을 크게 후회하고 훈련원주부를 제수하였으나 끝내 나아가지 않았다. 1900년(광무 4)에 나라에서 가묘에 치제하고 사손을 녹용하는 은전을 내렸다. 이후 한개마을의 성산이씨 일문은 충절가로서 사림의 우러러보는 바가 되었다.

응와는 처음 국자생원 형진(호 함청헌)과 함양박씨 사이에서 태어나 백부인 규진(호 농서)에게로 출계하였다. 양부 규진은 자는 이공, 호는 농서農棲이며 입재 정종로의 문하에서 수학하였다. 1799년(정조 23)에 춘당대 알성시에 장원급제하여 사헌부장령, 황해도 은율현감 등의 벼슬을 지냈다.

성산이씨 세계도

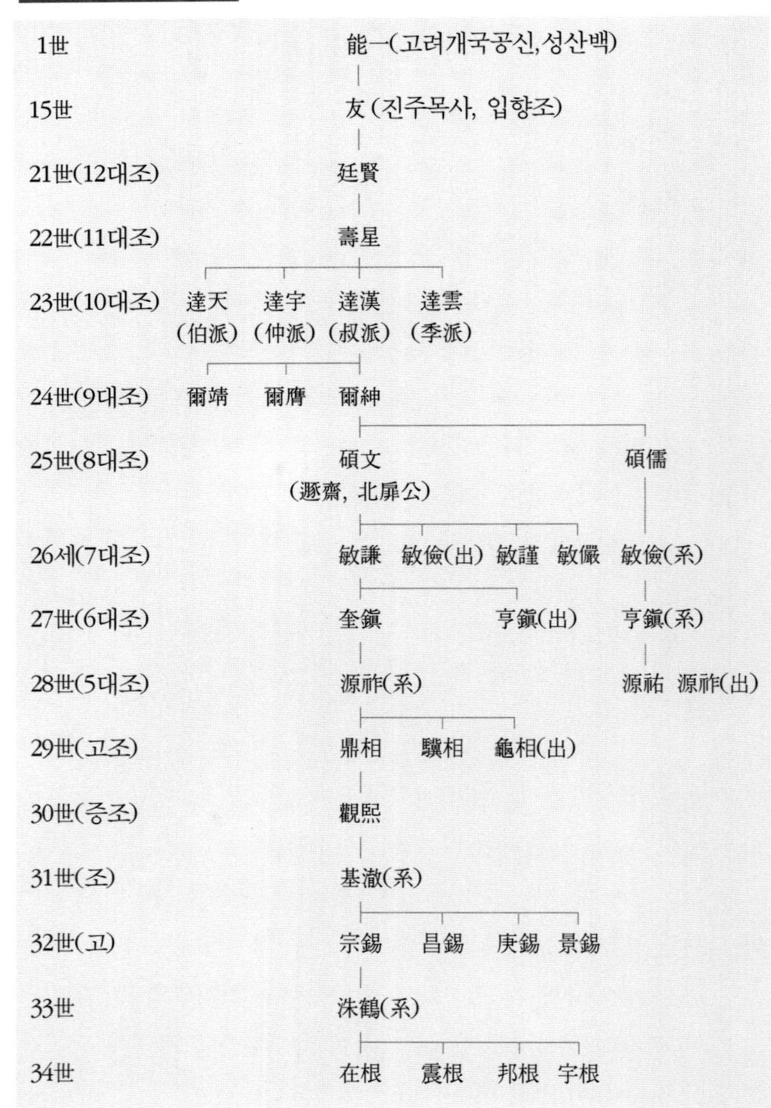
1世 能一(고려개국공신,성산백)
15世 友(진주목사, 입향조)
21世(12대조) 廷賢
22世(11대조) 壽星
23世(10대조) 達天 (伯派) 達宇 (仲派) 達漢 (叔派) 達雲 (季派)
24世(9대조) 爾靖 爾膺 爾紳
25世(8대조) 碩文 (遯齋, 北扉公) 碩儒
26세(7대조) 敏謙 敏儉(出) 敏謹 敏儼 敏儉(系)
27世(6대조) 奎鎮 亨鎮(出) 亨鎮(系)
28世(5대조) 源祚(系) 源祐 源祚(出)
29世(고조) 鼎相 驥相 龜相(出)
30世(증조) 觀熙
31世(조) 基澈(系)
32世(고) 宗錫 昌錫 庚錫 景錫
33世 洙鶴(系)
34世 在根 震根 邦根 宇根

한개마을

경상북도 성주군 월항면 대산리 한개마을은 성산이씨들이 대대로 살아온 집성촌이다. 조선초 진주목사를 지낸 이우가 처음 터전을 마련한 때로부터 500년 이상 대대로 살아온 동성마을이다. 마을 앞에는 낙동강의 한 줄기인 백천이 흐르며 뒤쪽으로 영취산(331m)이 남북으로 길게 뻗어 마을을 감싸고 있다. 지금은 302번 지방도로가 마을 앞을 지나고 있지만 이전 백천은 이곳까지 이르렀으며 마을 앞은 백사장과 함께 땅버들이 절경을 이루었다고 한다. 한개라는 명칭은 크고 넓은 내와 들의 형상을 뜻하여 한개 혹은 대포大浦라고 부르게 되었다. 과거 이곳에는 한개나루가 있었다고 하는데, 한개나루는 대구·칠곡지방과 김천·성주지방을 이어주는 길목이며 서울로 올라가는 사람들이 거쳐 가는 곳이었다.

한개마을은 경주의 양동마을, 안동의 하회마을과 더불어 전통마을로 지정되어 있다. 이 마을이 번창하였을 때는 백여 호가 넘는 크고 작은 집들로 구성되었고, 여느 양반마을에서 볼 수 있는 것처럼 전통을 존중하였다. 지금도 큰 집들에서는 가묘가 보존되어 있고, 제사 때에는 도포와 유건차림의 의관을 정제하고 유가의 품위를 유지하려고 노력하고 있다.

한개마을의 구조를 보면 마을의 중심부와 동녘, 서녘, 아랫막으로 이룩되었는데, 대체로 마을의 중심부와 서녘에는 백파, 숙파의 자손들이 세거해 있고, 동녘에서 아랫막으로는 계파의 자손들이 누대로 생활하고 있으나, 중파의 자손은 겨우 한 집이 남아서 명맥을 유지하고 있다. 오늘날 한개마을에서 문화재로 지정되어 있는 하회댁, 교리댁, 북비고택, 한주고택 등은 모두 1700년대 후반기에 건축되었다.

응와 이후에 한개마을을 빛낸 인물로는 한주 이진상을 꼽는다. 이진상은 일찍이 숙부인 응와의 학문을 이어받아 1849년(헌종 15)에 소과에 합격하여 성균생원이 되었으나 대과는 포기하고 오직 학문에 전념하였다. 그의 학문은 퇴계의 주리설을 계승하여 심즉리설心卽理說을 집대성하여 많은 인재를 양성하여 한주학파를 형성하였다. 이진상의 업적에 대하여 그의 제자 곽종석은 '금세의 정자'라 하여 높이 우러렀으며 세상에서 소위 성리학의 6대가의 한 사람으로 추앙되었다.

또 응와의 차자인 이기상은 1855년(철종 6)에 소과에 장원으로 합격하였고, 3자인 이귀상은 1882년(고종 19)에 정시에 장원급제하여 문명을 날렸다. 조카 이운상은 학문이 높아 1881년(고종 18)에 영남 유생들이 척사만인소를 올릴 때에 이를 주관하였고, 손자 이관희,

이달희도 사마시에 합격하여 대를 이어 호학가풍의 전통을 드높였다.

이 당시 타문중 사람들이 "글을 하려면 한개로 가야 한다."고 말할 정도로 선망의 대상이 되었다. 이에 자연히 '한개양반'으로 통하고 성산이씨라는 관향도 한개이씨로 더 잘 알려지게 되었다.

종택 : 북비고택

북비고택은 1774년(영조 50)에 사도세자의 호위무관이었던 훈련원주부 이석문이 터전을 잡은 곳이다. 사도세자가 뒤주 속에 갇혀 참혹하게 죽은 후 그를 애도하는 마음으로 북쪽을 향하여 사립문(北

응와고택 전경

扉)을 내고 평생을 은거한 곳이다.

1821년(순조 21)에 손자인 이규진이 정침과 사랑채를 신축하였고, 1866년(고종 3)에는 그의 증손자인 이원조가 사랑채를 중수하였다.

북비고택은 마을 서쪽도로의 우측에 면해 있는데, 경사진 오르막길을 오르면 3칸 규모의 솟을대문이 나타난다. 대문채를 들어서면 사랑마당을 사이에 두고 'ㄱ' 자형의 사랑채가 남향하여 배치되어 있는데, 사랑채의 우측에는 안사랑채가 자리를 잡아 사랑공간을 구획하고 있으며 사랑채와 안채 사이의 후면에는 사당을 건립하였다. 사랑마당의 전면에는 토석담장을 두른 별도의 영역이 나타나는데 북향한 일각문 안에는 처음에 건립된 북비집이 자리를 잡고 있다. 사랑공간의 우측에는 안마당을 사이에 두고 '一' 자형의 안채가 남향하여 자리를 잡고 있는데, 원래는 안마당의 정면과 우측에 5칸 규모의 중문간행랑채와 3칸 규모의 아래채가 있어 튼 'ㅁ' 자형의 배치형태를 이루고 있었다 한다.

북비집

정면 4칸, 측면 1칸 규모의 '一' 자형 홑집이며, 지붕은 골기와를 사용한 맞배기와집이다. 평면은 동쪽으로 2칸 온돌방을 두고 서쪽으로 2칸 대청을 연접시켰다. 이 집은 입면구성이 특이하다. 북쪽인 배면에는 4칸 모두 쪽마루를 설치한 후 온돌방에는 각 칸마다 쌍여닫이 세살문을, 대청에는 각 칸마다 쌍여닫이 판장문을 설치하여 모든 칸이 배면에서 출입이 가능하도록 하였다. 남쪽인 전면에는 대청은 개방하였으나 대청 옆 온돌방에는 쪽마루를 달아내고 외여닫이 세살문을 설치하였으며 동쪽 온돌방은 쪽마루 폭만큼 반침을 사용하였다.

사랑채

사랑채는 정면 4칸, 측면 3칸 반 규모의 팔작기와집으로, 'ㄱ'자형의 평면을 이루고 있다. 남향한 몸채부분은 2통칸의 큰사랑방과 사랑마루 1칸으로 구성되어 있는데, 전면에는 반 칸 규모의 퇴칸을 두었으며 사랑마루의 우측과 배면에는 쪽마루를 설치하였다. 사랑방의 뒤쪽에는 반 칸 규모의 골방을 두었는데, 골방의 우측에는 문짝을 설치하여 안채와 통할 수 있게 하였다. 큰사랑방의 좌측칸에는 함실을 두었으며 함실의 전면에는 작은사랑방과 서고를 연접시켜 'ㄱ'자형의 평면을 이루게 하였다. 서고는 하부에 하층주를 세워 누마루를 이루게 하였고, 누마루의 주위에는 계자각을 설치하였다.

안채

안채는 정면 6칸, 측면 1칸 반 규모의 맞배기와집이다. 평면은 2칸 대청을 중심으로 좌측에는 건넌방을, 우측으로 2통칸 안방과 부엌을 연접시켰으며, 전면에는 반 칸 규모의 퇴칸을 설치하였다. 안방의 뒤에는 두 개의 골방이 있는데 아랫목쪽을 아랫골방, 윗목쪽을 윗골방이라 부르고 있다. 골방문은 두 짝 여닫이문으로 되어 있는데, 현재 윗골방은 여닫이문이 철거되어 안방과 연결되어 있고 아랫골방은 그대로 여닫이문이 있어 이불 등을 넣어두는 수납공간으로 쓰이고 있다.

응와고택 사랑채

응와고택 안채

돈재이공신도비遯齋李公神道碑

'돈재이공신도비' 는 응와종택 대문 정면에 위치하고 있다. 이 비는 조선 영조 때 사도세자와 세손의 보호를 위하여 활동하다 낙향하여 문을 북쪽으로 내어 '북비공北扉公' 으로 알려진 돈재 이석문의 신도비이다. 이 비는 1909년 사림이 발의하고 문중이 호응하여 비각과 함께 건립되었으나, 시간이 지나면서 퇴락되었다가 경상북도와 성주군의 도움으로 2002년 12월 정비복원 하였다.

비각은 정면 1칸, 측면 1칸의 맞배기와 지붕을 하고 있으며, 주변은 석축과 석재난간을 둘렀다. 비는 귀부와 비신, 이수로 구성되어 있는데, 비신은 150cm, 폭 70cm, 두께 26cm이며 전체높이는 272cm이다.

비문은 포산 곽종석이 짓고, 글씨는 김성근이 썼다.

정헌공응와이선생신도비定憲公凝窩李先生神道碑

'정헌공응와이선생신도비' 는 1907년 사림이 발의하고 문중이 호응하여 한개마을 입구에 세운 응와 이원조의 신도비이다. 2001년 12월 오른쪽 위로 조금 옮겨 현재의 위치인 마을의 우백호 산능선 아래로 옮겨 세웠다.

비는 귀부와 비신, 이수로 구성되어 있으며, 귀부는 거북의 문양을, 이수는 용을 새겼다. 귀부의 높이는 60cm, 이수의 높이는 80cm

돈재신도비

이고, 비신은 높이 180cm, 폭 74cm, 두께 35cm로 전체 비의 높이는 320cm이다.

비신에는 상단에 가로로 '정헌공응와이선생신도비'라 전서체로 제액하고, 본문은 세로로 전면, 좌측면, 후면, 우측면의 순서로 썼다. 비문은 응와 이원조의 행적을 적은 서문과 명으로 구성되어 있는데, 형조판서 허전이 비문을 짓고, 공조판서 조종필이 글씨를 썼으며, 제액의 전자는 동부승지 안희원이 썼다.

제2장

응와 이원조 종가의 제사

응와종가의 제사는 1년에 기제사 여섯 번, 설날과 추석의 차사, 그리고 음력 10월에 묘소에서 지내는 묘제 등 세 종류로 구분된다.

기제사는 전통적으로 4대봉사를 하여 왔으나 이 종가에서는 10여 년 전부터 고조부모와 증조부모의 신주는 매안하고 조부모와 부모 양대와 불천위인 5대조 응와 선조의 기제사만 봉행하고 있다. 1973년에 제정된 가정의례준칙에 이미 2대봉사만 하도록 규정되어 있으나 아직까지도 4대봉사를 고수하고 있는 집이 많다. 오랜 세월동안 조상이 지켜온 전통을 후손의 입장에서 선뜻 바꾸기란 그리 쉬운 일이 아니다. 특히 사당을 모시고 있는 종가의 경우, 남보다 앞장서서 조상의 제사를 줄이기란 대단히 어려운 일이다.

그러나 문화는 시대의 변화에 따라 변하기 마련이다. 농경사회의 대가족제도 아래에서 적용되던 제사문화가 산업화와 핵가족사회로 변천된 21세기 사회에 그대로 전승되기란 어려운 일이기 때문이다. 이미 현실적으로는 지탱하기 어려운 지경에 와 있지만 오랜 전통과 인습은 깨기가 쉽지 않다.

응와종가의 종손 이수학 씨(68세)는 우리의 아름다운 전통은 형식이 아니라 그 정신이 중요하다는 것을 강조한다.

설날차례

차례는 설날과 추석 등 명절에 올리는 약식제사이다. 『가례』를 비롯한 예서에는 차례라는 제사는 규정되어 있지 않지만 사당에서 행하는 참례參禮와 민속 명절에 지내는 절사節祀나 천신의례를 차례 또는 차사라고 한다.

오늘날 사당이 없는 일반 가정에서는 대표적인 민속명절인 설날과 추석 때에 지내는 제사를 차례라 부르고 일 년에 두 번만 올리는 것이 보편화되어 있다.

사당이 있는 종가에서 정월 초하루와 동지, 매월 초하루와 보름에 사당에 올리는 약식제사를 참례라 하고, 한식, 단오, 유두, 칠석, 추석, 중구 등의 속절에 시절음식과 새로 나온 과일이나 생선 등을 올리는 약식의 제사를 천신례라고 한다.

사당에 신주를 모시고 있는 종가에서도 아주 특별한 일이 있을 때에만 참례를 하고, 절사나 천신으로 올리는 차례도 설날과 추석 때에만 지내는 것으로 줄어들었다.

응와종가에서는 설날과 추석, 1년에 두 번 사당에서 차례를 올린다.

기제사는 기일에 해당하는 조상의 신주를 정침에 출주하여 지내지만 차례는 사당에 모시고 있는 모든 조상에게 올리는 합동제사이므로 사당에서 지낸다.

지파의 후손들은 각자 소종가나 당내친끼리 먼저 차례를 올리고 난 다음 맨 마지막으로 11시경에 종택으로 모여 불천위에 대한 차례를 함께 지낸다.

오전 10시쯤 되면 제관들이 각지에서 모여들기 시작한다. 먼저 사당에 참배를 한 다음 종손께 세배를 드리고 지손들끼리도 서로 새해인사를 나눈다.

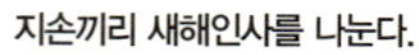

지손끼리 새해인사를 나눈다.

설날차례는 약식 제례이기 때문에 제수도 기제사에 비하여 단출하고 행례절차도 무축단헌無祝單獻으로 간소하게 지낸다.

응와종택의 사당은 사랑채와 안채의 중간에 위치하고 있다. 예서에 규정에는 사당은 정침의 동북쪽에 위치하는 것이 일반적인데 이 종가는 좀 예외적이다.

사당 내부는 감실은 설치하지 않고 정면 북쪽 선반 위에 주독을 봉안하였다. 서쪽을 상위로 하여 맨 오른쪽에 불천위 내외분의 주독이 있고, 그 왼쪽으로 종손의 조부모와 부모의 신주를 모신 주독이 순서대로 모셔져 있다. 불천위의 제상 위에는 응와 선생의 영정도 함께 봉안되어 있다.

사당의 동벽에는 빈 주독이 놓여 있는데, 차례 때에 종손의 생가

사당 내부 구조

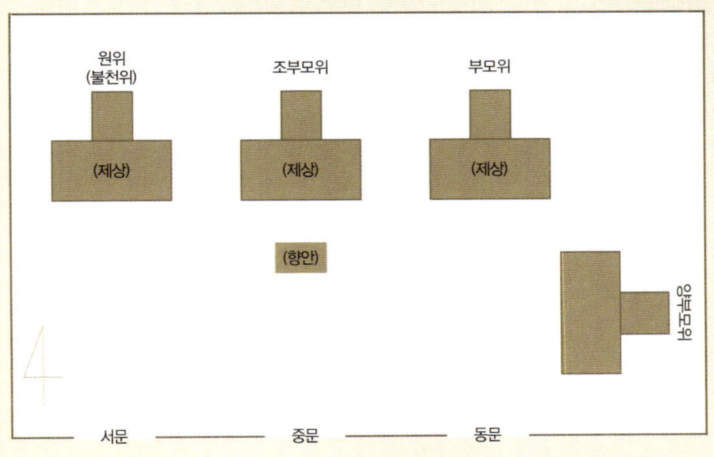

부모의 신위를 지방으로 모시고 함께 제사를 올린다고 한다.

종손 이수학 씨는 독자인데도 백부에게 입계되어 생가 부모는 대전에 살고 있는 종손의 차남 진근이 봉사하고 있는데, 설날이나 추석 명절 때는 가족이 모두 종가에 모여 사당에서 제사를 올리기 때문에 이 때 차례를 함께 모신다. 생모 풍양조씨는 공교롭게도 기일이 정월 초1일이므로 설날 새벽에 기제사를 먼저 지내고 이어서 설날 차례를 올린다고 한다.

주독 안에는 서쪽에 고위의 신주가, 동쪽에 비위의 신주가 봉안되어 있으며 신주에는 청홍색의 도韜(비단으로 만든 덮개)가 씌워져 있다.

주독 앞에는 각각 제상이 하나씩 있고 중앙에 향안이 마련되어 있다. 향안 위에는 향로와 향합이 놓여 있고 그 앞에는 모사와 술병, 그리고 퇴주기가 준비되어 있다.

진설

정월 초하루(2005년 2월 9일) 아침 10시 반경 안채에서 마련한 제물을 소반에 담아 사당으로 옮겨 서쪽의 원위(불천위)부터 진설하기 시작한다.

제상의 맨 앞쪽에 과일과 유과를 놓고 그 뒤쪽에 포와 침채, 탕과 간납을 놓는다. 맨 뒤쪽에는 가운데에 시접을 놓고 좌우에 고위와 비위의 잔을 놓는다. 그 앞에는 설날 특식으로 떡국을 놓고 그 옆에

제물진설하는 모습

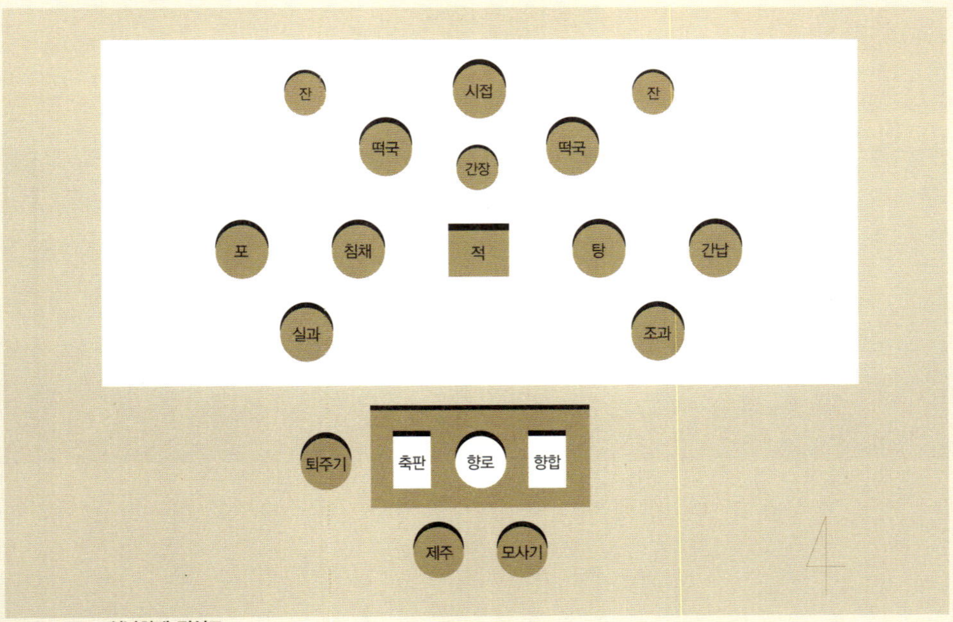

설날차례 진설도

간장을 놓는 것으로 간단하게 차렸다.

원위에 이어 조부모위, 부모위, 그리고 생가 부모위 모두 네 상에 같은 순서로 제수를 진설하였다.

설날차례 절차

진설이 끝나면 12시경에 차례가 시작된다. 종손과 집사들은 사당 안에 들어서고 다른 제관들은 사당 앞의 계단 아래 묘정에 도열해 선다.

먼저 원위부터 차례로 주독을 개독한다. 신주에는 가운데에 각 위의 관작명과 친속관계가 종서로 쓰여 있고, 왼쪽 아래에 봉사손이 명기되어 있다. 동벽의 생가 부모위에는 지방으로 신위를 설위하였는데 봉사손이 손자이기 때문에 조고비로 표시되어 있다.

개독

신주

① 원위(불천위)

고위 顯五代祖考崇政大夫行工曹判書兼判義禁府事知春秋館事五衛都摠府都摠管贈謚定憲公府君神主

五代孫洙鶴奉 祀

비위 顯五代祖妣貞敬夫人豊壤趙氏神主

五代孫洙鶴奉 祀

② 조부모위

고위 顯祖考將仕郎行孝陵參奉府君神主

孝孫洙鶴奉 祀

비위 顯祖妣端人瑞興金氏神主

孝孫洙鶴奉 祀

③ 부모위

고위 顯考學生府君神主

孝子洙鶴奉 祀

비위 顯妣孺人玉山張氏神主

孝子洙鶴奉 祀

④ 양부모

고위 顯祖考學生府君神位

비위 顯祖妣孺人豊壤趙氏神位

분향

뇌주

잔을 향로 위로 높이 들어 올린다,

술을 퇴주기에 조금 붓는다.

주인(종손)은 향안 앞에 나아가 분향하고 재배한다. 다음에 집사가 따라주는 술을 받아 모사에 붓고 일어나 재배함으로써 강신례를 행한다. 이어서 참제자 모두 함께 두 번 절하여 참신례를 행한다.

다음은 헌작 순서인데 무축단헌으로 각 위에 술을 한 잔씩만 올리고 축문낭독은 없다. 주인은 향안 앞에 나아가 원위에서부터 조부모위, 부모위의 순서로 헌작한다.

떡국 그릇의 뚜껑을 차례로 닫는다.

먼저 좌집사가 고위의 잔반을 내려 주인에게 주면 우집사가 술을 따른다. 주인은 잔을 향로 위로 높이 들었다가 술을 퇴주기에 조금 제작하고 좌집사에게 주어 신위전에 올린다. 같은 방법으로 비위전에 헌작한 후 떡국 그릇의 뚜껑을 열고 숟가락을 그 위에 얹어놓는다. 다음에 집사는 제상의 중앙에 적을 올린다. 이와 같이 하여 동벽의 생가 부모위까지 모두 여덟 잔의 술을 올리고 주인은 일어나 재배한다. 이로써 헌작은 끝나고. 참제자 일동은 잠시동안 경건한 자세로 조상을 추모한다.

기제사에서의 첨작, 합문, 계문, 진다 등의 절차는 생략된다. 이어서 수저를 내려 시접 위에 놓고 원위로부터 차례로 떡국 그릇의 뚜껑을 닫는다. 주인 이하 참제자 일동은 사신 재배함으로써 모든 의례를 마친다. 제상 위의 술잔을 내려 철주하고, 주독을 합독한다.

추석차례

추석차례는 음력 8월 보름날(2005년 9월 18일)에 역시 종택의 사당에서 지낸다. 설날 때와 마찬가지로 지손들은 각자 당내별로 먼저 지내고 낮 12시에 종택에서 불천위에 대하여 함께 올린다. 이날 참례한 제관은 20여명이었다.

추석차례 절차는 설날차례 때와 같고, 다만 제수 진설에서 설날에는 떡국, 추석에는 편을 특식으로 올리는 것이 다르다.

무축단헌의 약식제사이므로 상차림은 아주 소략하다. 맨 앞줄의 과실은 대추 · 밤 · 배 등 기본과실에다 사과, 포도, 귤, 참외 등의 시절과실을 더하여 한 접시에 담았다. 포는 오징어 한 마리를 접시에 담았고, 편은 밑에 찰편과 송편을 차례로 쌓고, 그 위에 전과 조악을 얹었다.

헌작 후에 올리는 도적은 밑에 부추전과 간납, 새우전 등을 깔고 그 위에 조기, 돼지고기, 문어, 쇠고기를 차례로 쌓은 것이다.

추석상차림

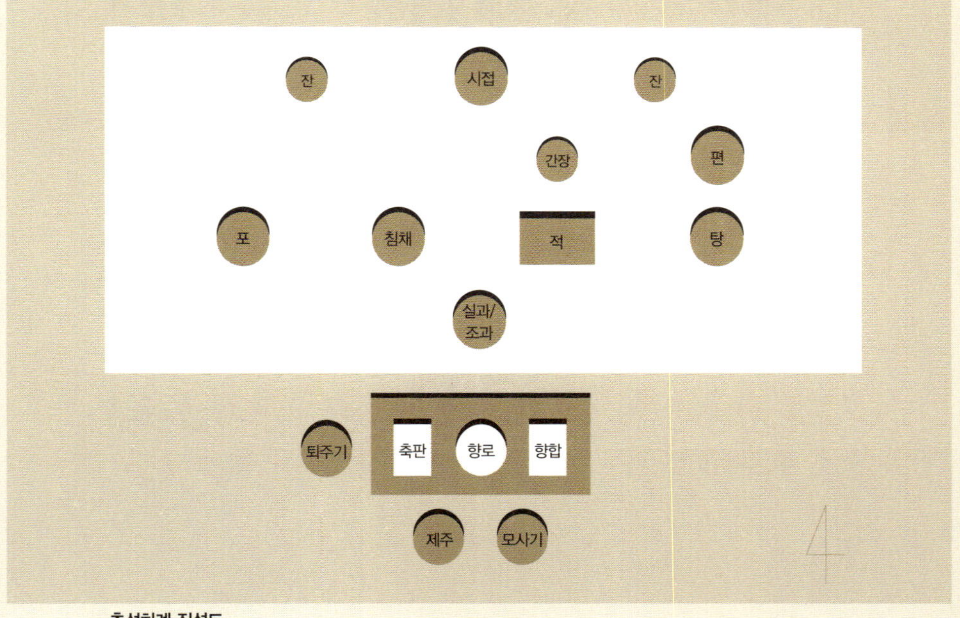

추석차례 진설도

불천위제사

제례일시

응와선생의 불천위제사는 기일인 2005년 9월 5일(음력 8월 2일) 저녁 8시 종택의 정침(사랑채 대청)에서 거행된다. 현 종손 이수학 씨는 응와의 5대손이다. 전통예법은 조부모까지 4대봉사를 하는 것이 원칙이지만 1913년에 응와선생의 묘지를 합천 숭산으로 이장한 후, 영남 유림들이 도회를 열어 그의 제사를 불천위로 할 것을 의결하여 오늘날까지 종가에서 봉행하고 있다.

기제사를 지내는 시각은 기일 새벽에 지내는 것이 보통이지만 참제자들의 편의를 위하여 이 종가에서는 당일 저녁 8시로 정하여 시행하고 있다.

오후 늦게부터 경향 각지에서 제관들이 모여들기 시작한다. 제관들은 종손에게 인사를 드리고 도착하는 순서대로 도기록에 성명과

응와고택 사랑채 전경

거주지 등을 기록한다. 불천위는 큰 제사이므로 후손들뿐만 아니라 대구, 성주, 안동, 상주 등 영남 유림의 각 문중에서도 많은 내빈들이 참석하였다.

제례장소

기제사는 차례 때와는 달리 기일에 해당하는 조상의 신주를 정침에 모셔내어 지낸다. 사랑채 대청에 제청을 마련하고 제구를 설치한다. 북벽에 '정헌공 응와 이원조선생 포천구곡차무이도가'가 쓰

여진 병풍을 치고 그 앞에 제상을 설치한다. 제상 위에는 사당에 봉안하고 있는 영정도 미리 모셔내어 올려놓는다. 제상 뒤에는 신주를 모실 교의를 놓고 제상 앞에는 향안을 마련한다. 향안 위에는 향로와 향합, 축판을 올려놓는다. 향안 밑에는 모사그릇을 놓고, 그 옆에 술병과 퇴주기를 준비해둔다.

집사분정

저녁 7시경이 되면 사랑채에서 종손을 중심으로 둘러앉아 도기록을 참조하여 헌관과 제집사에 대한 분정을 시작한다.

초헌관은 당연히 5대 종손 이수학 씨가 되고, 아헌관과 종헌관 및 축관 등 중요한 소임은 타 문중에서 온 내빈 중에서 선임하였다. 종헌관은 두 분인데 한 분은 종헌 후 첨작을 담당하게 된다.

분정표는 한지에 묵서하여 제청의 오른쪽 벽에 게시하였다.

집사분정 하는 모습

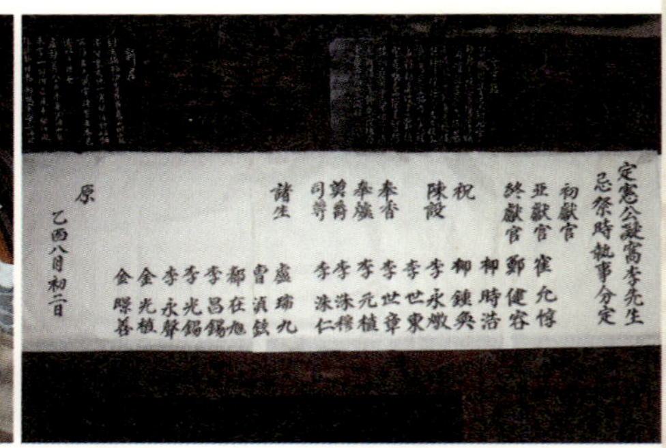

定憲公謙窩李先生
忌祭時執事分定
初獻官
亞獻官
終獻官
祝
陳設
奉香
奉爐
奠爵
司尊
諸生
崔允惇
鄭健容
柳時浩
柳鍾奭
李永燉
李世東
李世章
李元植
李洙穆
李洙仁
盧瑞九
曺滇鉉
鄭在旭
李昌錫
李光錫
李永馨
金光植
金暻善
原
乙酉八月初二日

집사분정표

定憲公凝窩李先生
忌祭時執事分定

初獻官

亞獻官　崔允惇

終獻官　鄭健容

　　　　柳時浩

祝　　　柳鍾奐

陳設　　李永燉

　　　　李世東

奉香　　李世章

奉爐　　李元植

奠爵　　李永穆

司尊　　李洙仁

諸生　　盧瑞九

　　　　趙湞鉉

　　　　都在旭

　　　　李昌錫

　　　　李光錫

　　　　李永聲

　　　　金光植

　　　　金暻善

原

乙酉八月初二日

진설

집사분정이 끝나면 진설 담당 집사들이 진설을 시작한다. 낮에 안채에서 준비한 제수를 소반에 담아 제청으로 날라 온다.

출주 전 1차 진설은 먼저 앞줄에 과일을 놓고 그 뒤로 포와 침채, 소채 등을 놓는다. 이 종가에서는 응와 선조가 생시에 특별히 즐겨 드셨던 집장을 특별메뉴로 올린다. 제상의 뒤쪽에는 중앙에 시접을 놓고 그 좌우에 고위와 비위의 잔반을 놓는다. 고위의 제사이지만 비위도 함께 모시는 합설이기 때문에 잔반은 둘을 올려놓는다.

강신 후 2차 진설인 진찬 시에 올리게 될 탕과 미면식, 그리고 헌작 시에 각각 올리게 될 삼적三炙은 따로 소반에 준비해 둔다.

진설하는 모습

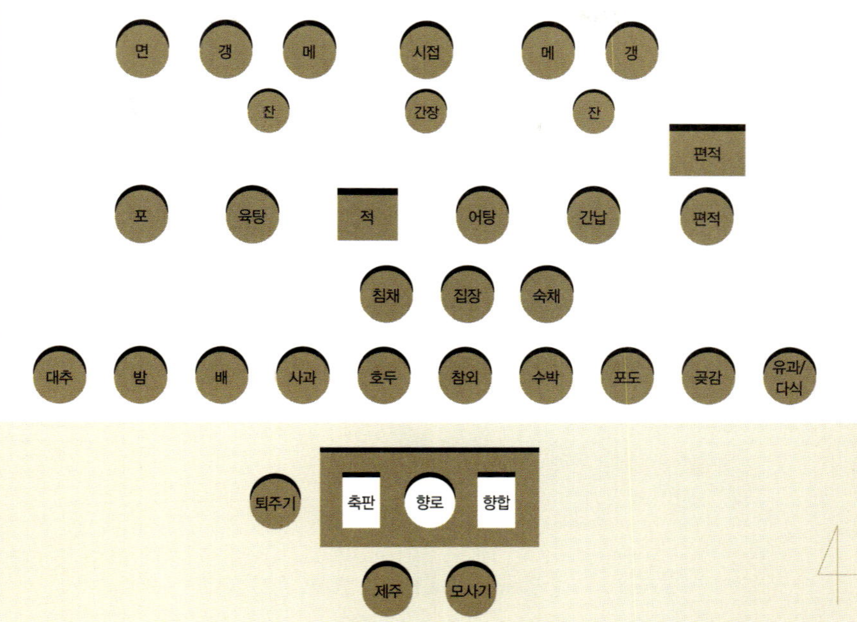

불천위제사 진설도

출주

8시가 되면 사당에서 신주를 모셔오는 출주의식이 시작된다. 주인은 축관과 집사들을 대동하고 사당으로 올라간다. 중문을 열고 들어가 함께 재배하고 나서 출주고사를 한다. 축관은 주인 왼편에 꿇어앉아 축문을 낭독한다.

今以
금이

顯五代祖考遠諱之辰 敢請
현오대조고원휘지신 감청

顯五代祖考崇政大夫行工曹判書兼判義禁府事知春秋館事
현오대조고숭정대부행공조판서겸판의금부사지춘추관사

五衛都摠府都摠管贈諡定憲公府君
오위도총부도총관증시정헌공부군

顯五代祖妣貞敬夫人豊壤趙氏神主
현오대조비정경부인풍양조씨신주

出就廳事 恭伸追慕
출취청사 공신추모

이제 5대조고의 기일을 맞이하여 5대조고 숭정대부 공조판서 겸 판의금부사 지춘추관사 오위도총부도총관 정헌공 부군과 5대조비 정경부인 풍양조씨의 신주를 청사에 모셔내어 제향을 올리기를 감히 청하옵니다.

축문 낭독

출주하여 주독을 옮기고 있다.

개독

출주고사가 끝나면 주인은 주독을 가슴에 안고 제청으로 돌아와 교의 위에 정중히 모시고 개독한다.

제사 본절차

강신 · 참신례

출주의례가 끝나면 강신례를 행한다. 먼저 주인은 향안 앞에 나아가 분향하고 재배한다. 다음에 좌집사가 고위의 잔반을 내려 주인에게 주면 사준이 술을 따른다. 주인은 잔을 들어 모사에 붓고 일어나 재배한다. 향을 피워 하늘의 혼을 부르고 강신술을 모사에 부어 땅속의 백을 불러 혼백을 일치시키는 상징적인 의례이다. 이제 조상신이 강림하였으므로 이어서 참제자 일동이 참신 재배한다.

분향

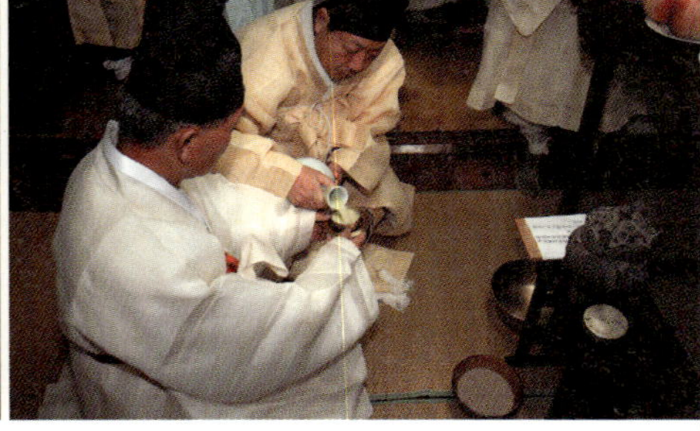
뇌주

일반적으로 지방紙榜을 모시고 제사를 지낼 때는 강신을 먼저 한 후에 참신례를 행하고(선강후참), 신주를 모시고 지낼 때는 참신을 먼저 하고 강신례를 행한다(선참후강). 지방과 가문에 따라서 그 순서가 서로 다르게 행하기도 한다.

진찬

강신 후에 어육과 미면식 등 더운 음식을 올리는 것을 진찬이라고 한다. 메와 갱을 고위와 비위의 잔반 좌우에 올리고, 그 앞쪽에 육탕과 어탕을 잔반의 앞쪽 좌우에 올린다. 그리고 면은 제상의 왼쪽 끝에, 편은 오른쪽 끝에 올린다. 편은 맨 밑에 시루떡을 괴고, 그 위에 찰편, 송편, 증편, 전이를 쌓고, 다시 그 위에 주악, 경단, 잡과를 얹었다.

진찬

초헌례

초헌은 신에게 첫 번째 잔을 올리는 절차로 초헌관은 당연히 주인(종손)이 행한다. 주인이 향안 앞에 나아가 꿇어앉는다. 좌집사가 고위의 잔반을 내려 주인에게 주면 사준이 술을 따른다. 주인은 왼손으로 잔대를 잡고, 오른손으로 잔을 들어 퇴주기에 술을 조금 붓고 좌집사에게 준다. 좌집사는 잔반을 고위전에 올리고, 메의 뚜껑을 연다. 다음은 우집사가 비위의 잔반을 내려 주인에게 주면, 사준

진적

독축

이 술을 따른다. 주인은 같은 방법으로 술을 퇴주기에 조금 따르고 우집사에게 주면, 우집사는 잔반을 비위전에 전작하고 계반개한다. 집사는 안주용으로 육적을 올린다. 육적은 야채적 위에 돼지고기와 쇠고기를 쌓은 것이다.

이어서 축관이 초헌관의 왼쪽에 꿇어앉아 축문을 낭독한다. 이 날 축관은 안동에서 온 삼산 류정원의 후예 류종환 씨가 담당하였다.

維歲次乙酉八月辛卯朔初二日壬辰 五代孫洙鶴
유세차을유팔월신묘삭초이일임진 오대손수학

敢昭告于
감소고우

顯五代祖考崇政大夫行工曹判書兼判義禁府事知
현오대조고숭정대부행공조판서겸판의금부사지

春秋館事五衛都摠府都摠管贈諡定憲公府君
춘추관사오위도총부도총관증시정헌공부군

顯五代祖妣貞敬夫人豊壤趙氏 歲序遷易
현오대조비정경부인풍양조씨 세서천역

顯五代祖考 諱日復臨追遠感時不勝永慕
현오대조고 휘일부림추원감시불승영모

謹以淸酌庶羞 恭伸奠獻 尙
근이청작서수 공신전헌 상

饗
향

을유년 8월(초하루의 간지는 신유) 초2일 5대손 수학은 5대조고 숭정대부 행공조판서 겸 판의금부사 지춘추관사 오위도총부도총관 정헌공 부군과 5대조비 정경부인 풍양조씨께 감히 밝게 고하옵니다. 해의 차례가 바뀌어 5대조고의 기일이 다시 돌아오니, 지난날의 감회가 깊고 깊어 추모하는 마음 금할 길이 없습니다. 이에 삼가 맑은 술과 여러 가지 음식을 차려 제향을 올리오니 흠향하시옵소서.

독축이 끝나면 주인은 일어나 재배하고 물러난다.

집사들은 고위와 비위의 잔반을 내려 퇴주기에 철주하고 다시 신위전에 올려놓는다.

아헌 · 종헌 · 유식례

아헌은 신에게 두 번째 잔을 올리는 절차이다. 예서에는 주부가 아헌을 하도록 되어 있지만 형제나 장자가 대신하기도 한다. 특히 불천위제사 같은 큰 제사에서는 유림이나 다른 문중에서도 참례하

첨작

삽시정저

기 때문에 내빈에 대한 예우로 헌관을 선임하기도 한다. 이 날 아헌은 대구에서 온 최윤순 씨가 선임되었다. 백불암 최흥원의 후예로 현재 박약회 대구지회장을 역임하고 있다.

아헌례의 절차는 초헌례와 같으나 헌작 후에 어적을 올리고 축문 낭독이 없다.

종헌례는 신에게 세 번째 잔을 올리는 순서이다. 종헌관은 한강 정구의 후예인 성주의 정건용 씨가 담당하였다. 종헌의 절차는 아헌례와 같고, 헌작 후에 계적을 올리는 것이 다르다.

종헌 다음에는 유식례의 절차로 보통 초헌관이 첨작, 삽시정저하는 순서로 진행되는데 여기서는 첨헌관이 따로 선임되어 있었다.

종헌관이 재배하고 물러나면 첨헌관이 메뚜껑에 술을 받아 좌우 집사들로 하여금 고위와 비위의 잔에 첨작하게 하고 재배하였다. 삽시정저는 종헌 시에 미리 하였다. 삽시정저 첨헌관은 서애 류성룡의 후예인 상주의 류시호 씨가 담당하였다.

합문 · 계문 · 진다

첨작 다음 순서는 합문이다. 병풍으로 제상을 가리고 제관 일동은 부복한다. 신이 조용히 식사하시도록 자리를 비켜드리는 배려이다.

잠시 후 축관이 희흠(기침을 세 번함)하면 병풍을 걷는다.

다음은 신에게 차를 올리는 진다 순서인데 차 대신에 보통 숭늉을 올린다. 국그릇을 내리고 숭늉을 올린 후, 메에 꽂혀있는 숟가락을 내려 숭늉그릇에 걸쳐놓는다.

합문 후 부복한다.

진다

잠시 조용히 서 있다가 주인과 축관이 읍을 하며 마주 서서 축관이 이성을 고한다. 이성은 오늘의 제사가 원만히 끝났음을 고하는 절차이다.

집사들은 수저를 내려 시접 위에 얹고, 합반개한 후 참제자 일동은 사신 재배한다.

축관은 축문을 태우고 주인은 신주에 덮개를 씌우고 합독하여 사당의 원 위치에 환안한다. 집사들은 제수를 철상하여 안채로 날라 음복한다.

묘제

묘제는 조상의 묘소에서 지내는 제사로 묘사 또는 시제, 시사라고도 한다.

『가례』에는 3월 상순에 날짜를 정하여 묘제를 지낸다고 되어 있으나, 우리나라에서는 설 · 한식 · 단오 · 추석 등 속절에도 묘제를 지냈다. 그러나 지금은 대개 1년에 한 번 음력 10월에 날을 정하여 지내는 것이 일반적이다. 일반 가정에서는 추석날 집에서 차례를 지내고 조상의 묘소를 찾아가 성묘하는 것으로 대신하기도 한다.

묘제의 대상

응와종택의 종손은 9대조 이하의 조상의 묘제를 주관하여 지낸다.

한개마을 성산이씨 숙파의 파조인 23세 달한達漢은 이정爾靖 · 이응爾膺 · 이신爾紳의 세 아들을 두었는데 셋째아들 이신爾紳이 응와의 고조부이며 현 종손의 9대조가 된다. 묘제는 지방과 가문에 따라 그 대상이 다르다. 기호지방에서는 보통 친진된 5대조 이상의 조상에 대하여 1년에 한 번 세일사로 지내는데, 경상도지방에서는 기제사를 지내는 4대친을 포함하여 모든 조상에게 지내는 집도 있다.

종택의 사랑방에는 9대조로부터 부모위에 이르기까지 묘소의 위치와 신위에 대한 비망기가 있다.

① 9대조(24세) 諱 爾紳

고위 涵淸 顯九代祖考學生府君

비위 涵淸 顯九代祖妣孺人冶爐宋氏

② 8대조(25세) 諱 碩文

고위 扶桑 顯八代祖考贈嘉善大夫兵曹參判兼知義禁府事 五衛都摠府副摠管行訓練院主簿府君

비위 涵淸 顯八代祖妣贈貞夫人豊壤趙氏

③ 7대조(26세) 諱 敏謙

고위 涵淸 顯七代祖考資憲大夫兵曹判書兼知義禁府事 五衛都摠府都摠管府君

비위 涵淸 顯七代祖妣贈貞夫人晋州姜氏

④ 6대조(27세) 諱 奎鎭

고위 赤山 顯六代祖考行通訓大夫司憲府掌令 贈崇政大夫議政府
左贊成兼判義禁府事知經筵春秋館事弘文館提學知成均館事
五衛都摠府都摠管府君

비위 恭浦 顯六代祖妣贈貞敬夫人東萊鄭氏

⑤ 5대조(28세) 諱 源祚

고위 陜川 顯五代祖考崇政大夫行工曹判書兼判義禁府事知春秋館事
五衛都摠府都摠管贈諡定憲公府君

비위 陜川 顯五代祖妣貞敬夫人豊壤趙氏

⑥ 고조고비(29세) 諱 鼎相

고위 恭浦 顯高祖考通仕郎行莊陵參奉府君

비위 恭浦 顯高祖妣恭人全州柳氏
赤山 顯高祖妣恭人義城金氏

⑦ 증조고비(30세) 諱 觀熙

고위 赤山 顯曾祖考通仕郎行義禁府都事府君

비위 赤山 顯曾祖妣端人眞城李氏

⑧ 조고비(31세) 諱 基澈

고위 涵淸 顯祖考將仕郎行孝陵參奉府君

비위 涵淸 顯祖妣端人瑞興金氏

⑨ 고비(32세) 諱 宗錫

고위 涵淸 顯考學生府君神位

비위 涵淸 顯妣孺人玉山張氏

응와 선생의 묘제는 2005년 11월 20일(음력 10월 19일) 11시경에 경남 합천군 가야면 매화리 매화산(천화봉)에 있는 묘소에서 거행된다. 묘제 날짜는 전에는 음력 10월 3일로 정해져 있었으나 역시 제관들의 편의를 위하여 음력으로 10월 세 번째 일요일로 변경하여 시행하고 있다. 도시로 나가 직장을 갖고 있는 후손들이 평일에 묘제에 참석하기란 쉬운 일이 아니다. 이 날 제관은 성주 대구 등지에서 모두 20여명이 참례하였다. 몇 년 전까지만 해도 백여명이 넘었

응와 묘소 전경

다는데 해를 거듭할수록 참제자가 줄어들고 있는 실정이다.

응와는 1871년(고종 8) 8월 2일에 80세를 일기로 세상을 떠나 그 해 12월에 명계산에 장사지냈다. 이 자리는 비위 풍양조씨가 별세하였을 때 당시의 국풍이 명당터로 잡아준 곳인데 나중에 응와선생의 묘를 이장하여 합장하였다고 한다.

좌향은 남향(壬坐丙向)이고 묘소 앞에 1970년에 세운 묘비가 있다.

崇政大夫行工曹判書兼判義禁府事
諡定憲公凝窩李先生之墓
配 貞敬夫人豊壤趙氏 祔右
檀紀 4293年 10月
族曾孫 基允 謹書

묘제 제물은 합천군 가야면 매화리의 김선동 씨 집에서 준비한다. 김 씨는 묘소 아래 마을에서 위토를 경작하면서 응와선생의 묘소를 관리해 주고 1년에 한 번 있는 묘제의 제수를 마련한다고 한다.

묘제 당일 종손은 아침 일찍 관리인 집에 도착하여 제물 준비 상황을 점검하고 묘소에 올라가 먼저 참배한 후 묘제준비를 한다.

11시쯤 관리인은 제물을 경운기에 실어 좁고 비탈진 산길을 따라 묘소로 운반한다. 묘소는 천화봉 중턱 아주 경사진 곳에 위치하고 있기 때문에 묘소 아래에서 제물을 내려 제관들이 나누어 들고 나른다.

집사분정

헌관과 제집사는 참례한 제관 중에서 항렬과 연령 등을 고려하여 현장에서 선정한다. 초헌관은 당연히 종손이 되고, 아헌관은 종손의 재종숙 이창석 씨(74세), 종헌관은 대구에서 온 이태영 씨(78세)가 선임되었고, 축관은 역시 대구에서 온 이준영 씨(79세)가 담당하게 되었다.

진설

집사들은 묘소 앞 상석 위에 제물을 진설한다. 진설순서 및 제물의 배치는 기제사 때와 같다. 묘소에서 지내기 때문에 소채와 탕, 미면식 등 물기있는 제물은 생략되고 제수차림도 불천위제사 때보다는 간소하다. 맨 앞줄에 과일을 놓고 그 뒤에 포를 진설한다. 뒤쪽 중앙에 시접을 놓고 좌우에 잔반을 둘 놓는다.

묘제절차

묘제절차는 기제사 때와 대체로 같은데, 묘소에서 지내기 때문에 유식, 합문, 계문, 진다 절차가 생략된다.

먼저 초헌관이 분향 재배하고, 강신술을 땅에 부어 강신례를 행

제물 진설

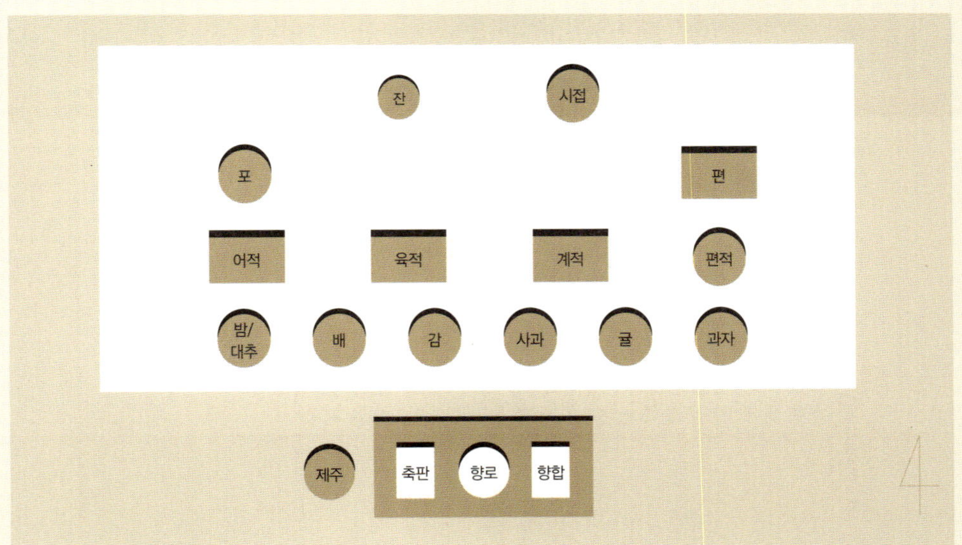

묘제 진설도

분향

뇌주

진찬

한다.

강신 다음에는 참제자 일동이 참신 재배하고 진찬한다. 진찬은 절편과 인절미를 쌓은 편을 올린다.

다음은 헌작 순서로 초헌관이 고위와 비위의 순서로 잔을 올린 후, 육적을 올린다.

축관이 초헌관의 왼쪽에 꿇어앉아 축문을 낭독한다.

維歲次乙酉十月庚寅朔十九日戊申
유세차을유시월경인삭십구일무신

五代孫洙鶴　　　敢昭告于
오대손수학　　　감소고우

顯五代祖考崇政大夫行工曹判書兼判義禁府事知
현오대조고숭정대부행공조판서겸판의금부사지

春秋館事五衛都摠府都摠管贈諡定憲公府君
춘추관사오위도총부도총관증시정헌공부군

顯五代祖妣貞敬夫人豊壤趙氏 氣序流易 霜露既降
현오대조비정경부인풍양조씨 기서유역 상로기강

瞻掃封塋不勝感慕 謹以淸酌庶羞 祗薦歲事 尙
첨소봉영불승감모 근이청작서수 지천세사 상

饗
향

을유년 10월(초하루의 간지는 경인) 19일(무신일) 5대손 수학은 5대조고 숭정대부 행공조판서 겸 판의금부사 지춘추관사 오위도총부도총관 정헌공 부군과 5대조비 정경부인 풍양조씨께 삼가 고하옵니다. 계절의 차례로 바뀌어 벌써 이슬과 서리가 내렸기에 묘를 깨끗이 하면서 생각하니 추모하는 마음 간절합니다. 삼가 맑은 술과 여러 음식으로 공손히 세사를 올리오니 흠향하시옵소서.

독축이 끝나면 초헌관은 재배하고 물러난다. 좌우 집사는 고위와 비위의 잔을 내려 철주한다.

이어서 아헌례, 종헌례를 행한다. 아헌 때에 어적을, 종헌 때에 육적을 올린다. 이어서 시저를 바로 하고 사신 재배함으로써 모든 행례를 끝마친다.

종헌까지 끝난 후의 상차림

사신재배

제상의 잔반을 내려 철주하고 철상하여 음복한다.

산신제

묘제가 끝난 후에 산신제를 지낸다. 조상의 묘소를 수호해주는 토지신에게 올리는 제사이기 때문에 정확하게는 후토제이다. 지방에 따라서는 묘제에 앞서 산신제를 먼저 지내는 곳도 있으나 『가례』 등 예서에는 묘제 후에 지내도록 되어 있다.

묘소 오른편 위쪽 산록에 제단을 마련하고 산신제물을 진설한다. 제수의 종류 및 진설방법은 묘제와 같다. 참신 후의 진찬과 헌작 시의 진적도 묘제 때와 같다.

초헌관은 종손의 차남인 이진근 씨가 되고, 축관은 종손의 재종인 이창용 씨가 담당하였다.

산신제 절차는 묘제의 본절차와 같이 강신 → 참신 → 초헌 · 독

산신제를 지내는 모습

사신재배

축→아헌→종헌→사신의 순으로 진행되었다.

산신제 축문 내용은 다음과 같다.

維歲次乙酉十月庚寅朔十九日戊申 幼學星山李震根
유세차을유시월경인삭십구일무신 유학성산이진근

敢昭告于
감소고우

土地之神 震根恭修歲事于
토지지신 진근공수세사우

顯六代祖考崇政大夫行工曹判書兼判義禁府事知
현육대조고숭정대부행공조판서겸판의금부사지

春秋館事五衛都摠府都摠管贈諡定憲公府君
춘추관사오위도총부도총관증시정헌공부군

顯六代祖妣貞敬夫人豊壤趙氏之墓 惟時保佑 實賴
현육대조비정경부인풍양조씨지묘 유시보우 실뢰

神休 敢以酒饌 敬伸奠獻 尙
신휴 감이주찬 경신전헌 상

饗
향

을유년 10월(초하루의 간지는 경인) 19일(간지는 무신) 유학 이진근은 토지지신에게 감히 고하옵니다. 오늘 진근의 6대조고 숭정대부 행공조판서 겸 판의금부사 지춘추관사 오위도총부도총관 증시정헌공부군과 6대조비 정경부인 풍양조씨의 묘에 공경히 제향을 모시고자 하오니 늘 보살펴 주시어 신의 가호를 입도록 해 주시기 바랍니다. 감히 술과 안주를 차려 공경히 제사드리오니 흠향하시옵소서.

제3장

응와 이원조 종가의 제사음식

종가의 식생활 환경

성주군은 가야산을 비롯해 형제봉, 영암산, 누진산 등 높고 낮은 봉우리가 둘러싸고 있기 때문에 분지를 이루고 있으며, 북서부가 높고 남동부가 비교적 평지를 이루고 있다. 주요 하천은 대가천, 이천, 백천이 월항면에서 합류하여 낙동강으로 흐른다. 이러한 하천 때문에 성주군은 분지지역이지만 하천 연안에 발달한 평야로 주요 농경지로 이용하고 있었다. 이곳에는 벼농사뿐만 아니라 특용작물과 과수재배 등으로도 활용한다.

이런 자연환경 때문에 예부터 은구어銀口魚 · 송심松蕈 · 자초紫草 · 칠漆 · 봉밀蜂蜜 · 자기磁器 · 안식향安息香 · 해송자海松子 등의 특산물[3]이 유명했다. 생산된 농산물은 성주장(2, 7일), 용암장(3, 8일) 등을 통해서 유통되었다.

3_ 민족문화추진회, 『신증동국여지승람 Ⅳ』 제 28권, 「성주목」.

응와 이원조를 모시는 종가는 경상북도 성주군 월항면 대산리 한개마을에 있다. 이곳에는 이원조의 종손 이수학 씨가 종부 조정자 씨와 함께 종가를 지키고 있다. 종가는 사랑채, 안채 등으로 구성되었다. 안채에는 부엌이 따로 있었으나 뒷방을 개조해서 싱크대를 넣는 등 입식부엌으로 개조를 했다. 예전 부엌 앞쪽으로 장독대가 있어 간장, 된장 등을 넣어두는 장소로 사용하고 있다.

설차례 음식

2005년 2월 9일 아침 10시가 넘어서 제물을 소반에 담아 사당으로 옮기는데 원위의 것부터 모신다. 제물은 제주, 떡국, 간장, 포, 침채, 적, 탕, 간납, 실과, 조과이다.

제주로는 막걸리를 사용했다.

포로 오징어 2마리를 가지런히 잘라서 사용했다.

적은 산적, 삶은 돼지고기, 쇠고기 꼬지, 삶은 문어, 조기구이를 차례로 괸 것이다.

탕은 쇠고기, 무, 북어, 오징어, 두부, 다시마, 미더덕 등을 넣고 끓인 것인데, 건더기만 탕기에 담았다.

간납은 전인데, 돈저냐, 동태전, 버섯전을 사용했다.

실과로 배, 사과, 밤, 대추, 감, 귤을 사용했다.

조과로 유과, 강정, 약과, 정과, 대추초, 호두쌈, 호두 등을 사용했다. 상차림은 다음과 같다.

설날 상차림

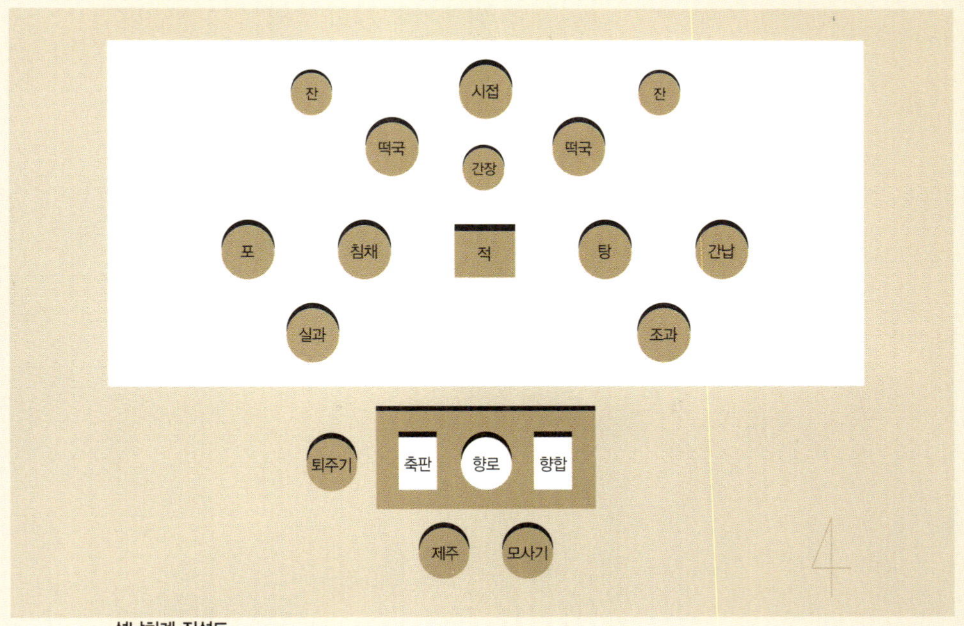

설날차례 진설도

11시경에 사당에서 차례를 모시는데, 진설, 헌작의 순으로 진행되며, 첨작, 합문, 계문, 진다 등의 절차는 생략된다. 그리고 삽시정저, 사신, 철상, 음복의 순으로 진행된다. 음복은 차례상에 올렸던 떡국, 과일, 전 등으로 한다.

차례는 음식과 의례가 비교적 간소하게 진행되므로 불천위제사에서 상세히 설명하겠다.

불천위제사 음식

응와 이원조(1792~1871)는 조선 후기의 문신이며, 18세에 증광별시에 급제하여 벼슬길에 나갔다. 그 뒤 요직을 두루 거쳐 80세의 일기로 사망했다. 사후 10년 후 정헌이라는 시호를 받고 추증되었으며, 영남 유림들의 천거로 불천위로 모셔지게 되었다.

다음은 제물을 마련하기 위한 경비마련, 장보기, 제사음식 만들기와 담기, 진설과 제사의례, 음복에 관한 구체적 내용이다.

장보기

이 종가에서는 불천위제사를 지내기 위한 경비를 종가에서 부담한다. 성주장이나 마트를 이용하기 때문에 장날에 미리 나가서 조금씩 좋은 물건을 구입해서 창고에 넣어둔다. 그래서 제사를 지내기 위해서 따로 날을 받아서 장을 보러 가지는 않았다.

제사음식 만들기와 담기

불천위제사가 음력 8월 2일(2005년 9월 5일) 저녁 8시 종택의 정침에서 거행되었다. 제물은 대개 하루 전날부터 만들기 시작했다.

이 종가에서 제물로 사용하는 음식의 목록은 제주, 메, 갱, 탕(육탕, 어탕), 면, 간장, 포, 적(육적, 적, 어적), 간납, 편, 편적, 침채, 집장, 숙채, 조과(유과, 다식), 실과(대추, 곶감, 밤, 배, 사과, 호두, 참외, 수박, 포도)이다.

제물의 조리방법은 다음과 같다.

제물을 장만하는 모습

제주

제주는 가정에서 따로 제조하지 않고 청주를 구입해서 사용했다.

메

저녁 7시경에 밥을 짓는 것처럼 메를 짓는데 음복을 할 것을 고려해서 넉넉하게 한다.

갱, 탕

무는 사방 3cm 정도가 되도록 도톰하게 썰어 넣고, 물, 오징어, 문어, 쇠고기, 다시마를 함께 넣고 한소끔 끓인다. 갱은 유기로 된 갱기에 국물만 담는다. 탕은 육탕과 어탕 두 가지로 담는데, 육탕은 유기로 된 탕기에 무와 다시마를 깔고 쇠고기를 찢어서 담아낸 것이고, 어탕은 유기로 된 탕기에 무와 다시마를 깔고 오징어와 문어를 썰어서 담아낸 것이다.

면

끓는 물에 구입한 면을 삶아서 면기에 담는다. 과거에는 반죽해서 국수를 밀었지만, 지금은 번거롭기 때문에 구입해서 사용한다.

면

포

대구는 꼬리를 잘라둔다. 명태는 머

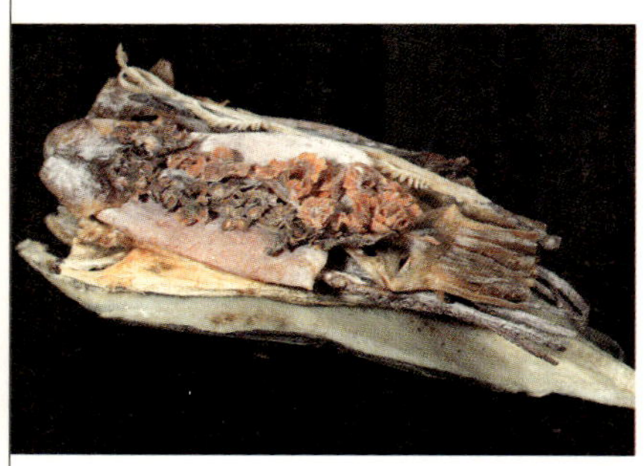

포

리와 꼬리를 잘라 둔다. 오징어는 머리와 다리를 깔끔하게 잘라둔다. 과거에는 집에서 문어오림을 했지만, 지금은 구입을 한다.

대구 1마리, 명태 2마리, 오징어 1마리, 문어 1마리, 문어오림 1개의 순으로 괸다.

적

적으로 각종 전을 준비하고 육적, 어적, 계적을 준비해서 켜켜이 쌓을 수 있도록 준비했다.

● 부추전

부추는 깨끗이 씻어두고, 밀가루에 물, 소금을 넣고 개어두었다가 기름을 두른 팬에 지진다.

● 집산적

무, 당근, 우엉은 끓는 물에 데쳐서 적당히 썰어 두고, 쇠고기, 맛살, 파도 비슷한 크기로 썬다. 전체적으로 길이를 맞춰서 꼬지에 꿴다. 밀가루와 물을 섞고, 소금을 약간 넣어 간을 해 둔다. 꼬지에 꿰어 둔 재료에 밀가루를 바르고, 밀가루 물에 적셨다가 기름을 두른 팬에 지진다.

● 동태전

동태는 포를 떠서 씻어 두고, 밀가루, 계란의 순으로 옷을 입혀서 기름을 두른 팬에 지진다.

● 맛살전

맛살과 파를 꼬치에 꿰어 밀가루, 계란의 순으로 옷을 입힌 다음 기름을 두른 팬에 지진다.

● 오징어전

기계에 눌러둔 오징어를 구입해서 밀가루물에 적셨다가 기름을 두른 팬에 지진다.

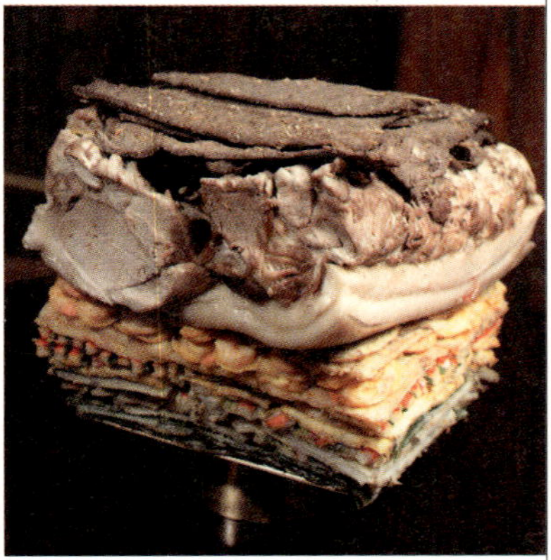

적

● 새우전

냉동새우를 구입해서 해동시킨 다음 밀가루, 계란의 순으로 옷을 입혀서 기름을 두른 팬에 지진다.

● 돼지수육

돼지고기는 10근을 덩어리째 삶거나 쪄서 그대로 사용하는데, 이번에는 식육점에서 삶아 왔다.

● 쇠고기서래

쇠고기는 얇게 포를 떠서 가로 7cm, 세로 20cm가 되도록 꼬지에 꿴다. 간장, 설탕, 참기름으로 양념한 장을 발라 잠시 두었다가 간이 배면 기름을 두른 팬에 굽는다.

재료가 모두 준비가 되면 20×25cm의 유기 적틀에 부추전 3켜, 집산적 3켜, 동태전 1켜, 맛살전 1켜, 오징어전 1켜, 새우전 1켜, 오징어전 1켜, 돼지수육 1덩이, 쇠고기서래 2켜, 닭 1마리의 순으로 고인다. 고임을 할 때 음식이 쏟아질 것을 염려해 계적은 다른 접시에 담아 옆에 두었다.

간납

두부는 깨끗이 씻어 베보자기에 싸서 물기를 꼭 짠다. 여기에 다진 쇠고기, 다진 양파, 당근, 파, 부추를 넣고, 소금으로 간을 한다. 이것을 지름 4~5cm가 되도록 둥글고 납작하게 모양을 만든다. 밀가루, 계란을 바른 다음 기름을 두른 팬에 노릇하게 구워낸다.

그릇에 담을 때는 지름 20cm의 접시에 9켜가 되도록 괸다.

편

본편은 시루떡과 찰편, 잔편은 송편, 경단, 잡과편, 전, 주악이다. 시루떡, 찰편, 송편은 방앗간에 주문을 했다. 시루떡과 찰편은 콩가루로 만든 고물을 사용했고, 송편은 3가지 색상으로 만들었는데, 팥으로 소를 만들어 넣었다. 경단, 잡과편, 전, 주악을 만들기 위해서 방앗간에서 찹쌀을 빻아 와서 종가에서 만들었다. 찹쌀가루에 물, 소금을 넣고 반죽을 해 둔다.

● 경단

반죽을 떼어서 지름 2.5cm 정도가 되도록 동그랗게 빚어 둔다. 고물로 사용하기 위해서 껍질을 벗긴 땅콩을 곱게 다져 둔다. 또한 검은깨를 볶아서 둔다. 경단을 끓는 물에 넣어서 둥둥 떠오르면 건져내어 미리 만들어 둔 고물에 묻힌다.

● 잡과편

반죽을 떼어서 지름 2.5cm 정도가 되도록 동그랗게 빚어 둔다.

고물로 사용하기 위해서 석이버섯, 밤, 대추를 준비한다. 석이버섯은 물에 불려서 흙이나 불순물을 제거하고, 밤은 속껍질을 벗기고, 대추는 돌려깎기를 해서 씨를 도려내어서 썰어 둔다. 반죽을 물에 넣었다가 고물에 굴린 다음, 고물이 떨어지지 않도록 손으로 꾹꾹 눌러서 모양을 만들어 준다. 완성된 잡과편은 찜통에 넣어서 익히는데, 석이버섯과 대추의 색상이 선명하게 드러난다. 참기름을 발라서 윤기를 내고 서로 붙지 않도록 한다.

● 전

반죽을 떼어서 5cm 정도가 되도록 동그랗고 납작하게 빚어 둔다. 전에 장식할 대추는 돌려깎기를 해서 썰어 두고, 국화잎은 깨끗이 씻어 둔다. 반죽 위에 대추와 국화잎으로 갖가지 모양을 만들어 둔다. 이것을 기름을 두른 팬에 넣고 지진 다음 설탕을 뿌려서 달라붙지 않도록 한다.

● 주악

반죽을 떼어서 볶은 콩가루와 설탕을 섞은 소를 넣고, 지름 4cm 정도의 조개모양으로 빚는다. 이것을 기름을 두른 팬에 지진 다음, 설탕을 뿌려서 달라붙지 않도록 한다.

편을 괼 때는 시루떡, 찰편, 흰송편, 쑥송편, 송기송편, 증편, 전, 주악, 경단, 잡과편의 순으로 한다.

주악, 경단, 잡과편	1켜
전	1켜
증편	1켜
송기송편	1켜
쑥송편	1켜
흰송편	2켜
찰편	3켜
시루떡	5켜

랩

편

편적

편적으로 두부를 사용하는데, 프라이팬에 기름을 두르고 길이대로 썬 두부를 익힌다. 두부는 지름 20cm의 접시에 4켜가 되도록 쌓는다.

침채

침채는 물김치인데, 배추를 절였다가 소금물과 부추, 고추 등을 넣고 익힌 것이다.

집장[4]

과거에는 콩과 밀을 삶아 버무려 닥나무 잎에 싸서 등겨에 넣어

4_ 곱게 빻은 메줏가루를 보릿가루, 고춧가루와 함께 찹쌀죽에 섞은 뒤 소금에 절인 야채를 박아 넣고 익힌 장으로서 즙장汁醬이라고도 한다.

집장을 담그는 모습

집장 담그기(익히기)

서 띄웠다. 요즘은 콩, 밀을 갈아서 상온에서 메주로 띄우는데, 대개 1개월에서 6개월 정도 걸린다. 집장메주를 갈아서 가루로 만들고, 여기에 찹쌀풀, 간장, 조청을 넣어서 버무린다. 여기에 가지, 박, 고추, 부추 등의 야채를 넣고 항아리에 차곡차곡 넣어 둔다.

항아리를 종이, 짚, 솔가지 위에 얹어 두고, 그 위에 겨를 붓는다. 종이와 짚에 불을 붙이면 서서히 겨에 불이 붙는데, 짚과 솔가지는 공기가 잘 통해서 불이 잘 붙게 하기 위해 넣는 것이다. 이번에는 솔가지는 넣지 않았다.

이렇게 한 다음에는 24시간 동안 불을 피워서 집장을 띄우는데, 24시간이 지나서 뚜껑을 열고 내용물을 보아 색깔이 붉게 변하고, 야채가 모두 익으면 잘 익은 것이다. 그렇지 않다면 잘 익지 않은 것이다. 만약 사정이 여의치 않아 전통방식대로 하지 못할 경우에는 중탕을 해서 익혀도 무방하다고 한다.

숙채

숙채

숙채의 재료는 흰색, 검정색, 초록색이 나는 나물이다. 이번에는 5가지를 사용했는데, 콩나물, 무나물, 고사리, 도라지, 미나리이다. 미나리 대신에 시금치나 오이 등을 사용해도 무방하다.

콩나물은 발을 떼어버리고 깨끗이 씻어 둔다. 무는 콩나물과 비슷한 길이로 채를 썰어 둔다. 콩나물, 무나물, 물, 소금을 붓고 끓인다.

고사리는 물에 불린 것을 구입해서 꾸들꾸들해지도록 널어둔다. 참기름을 두른 팬에 고사리, 다진 쇠고기를 넣고 간장을 넣어 간을 한다. 물을 약간 부어서 고기가 익도록 한다.

미나리는 끓는 물에 데쳐서 참기름, 간장을 넣고 무친다.

도라지는 찢어서 참기름을 두른 팬에 넣고 볶다가 간장으로 간을 한다. 소금을 넣으면 도라지의 색상이 희고 좋지만 맛이 없기 때문에 이 종가에서는 간장을 넣고 볶는다고 한다.

실과

사과는 깨끗이 씻은 다음 물기가 빠지면 위, 아래를 도려내고 지름 20cm의 접시에 4개, 4개, 3개의 순으로 3켜가 되도록 괸다.

배는 깨끗이 씻은 다음 물기가 빠지면 위, 아래를 도려내고 지름 20cm의 접시에 4개, 3개, 1개의 순으로 3켜가 되도록 괸다.

포도는 깨끗이 씻은 다음 물기가 빠지면 지름 20cm의 접시에 2

사과 배 포도

수박 참외

개, 2개, 1개의 순으로 3켜가 되도록 괸다. 포도가 넘어지지 않도록 랩을 발라 고정시킨다.

수박은 깨끗이 씻은 다음 물기가 빠지면 위를 뾰족하게 오려내고 지름 20cm의 접시에 얹는다.

참외는 깨끗이 씻은 다음 물기가 빠지면 위, 아래를 도려내고 지름 20cm의 접시에 4개, 4개, 2개의 순으로 괸다. 참외가 넘어지지 않도록 30cm의 꼬지에 꿰어서 고정시킨다.

조과

과거에는 대추, 밤, 곶감, 호두, 유과/다식을 고임으로 했지만, 지금은 번거롭고 손이 많이 가서 소복이 괸다.

대추는 마른 행주로 깨끗이 닦은 다음 지름 20cm의 접시에 소복이 괸다.

밤은 속껍질을 벗기고 갈변하지 않도록 물에 담가 두었다가 지름 20cm의 접시에 5켜가 되도록 괸다.

곶감은 지름 20cm의 접시에 5켜가 되도록 소복이 괸다. 맨 위에 얹는 곶감에는 잣을 박아서 장식한다.

호두는 지름 20cm의 접시에 3켜를 담는다.

유과는 구입해서 사용하는데 유과는 구입을 해서 지름 20cm의 접시에 3켜를 담는다.

다식은 집에서 만들었는데, 입제일이 되기 전에 미리 만들어서 냉장고에 보관한다. 손이 많이 가고 시간이 오래 걸리는 음식인데, 쉽게 상하지 않기 때문에 미리 만들어 두는 것이다. 다식의 재료는

대추 밤

곶감 호두 유과와 다식

검은깨, 송화, 볶은 콩가루이다. 검은깨는 빻아서 물엿을 넣고 다식판에 찍어 낸다. 송화에 물엿을 넣고 반죽해서 다식판에 찍어낸다. 볶은 콩가루에 물엿을 넣고 반죽해서 다식판에 찍어낸다.

유과 위에 다식을 1켜 올린다. 다식은 검은깨, 송화, 콩가루로 만든 것으로 색을 맞춰 올린다.

진설과 제사의례

저녁 8시 전에 진설을 시작하는데 이때는 따뜻하게 올리는 메, 갱, 면, 탕, 편, 적은 올리지 않는다. 진설을 마친 상차림은 다음과 같다.

제물 진설도

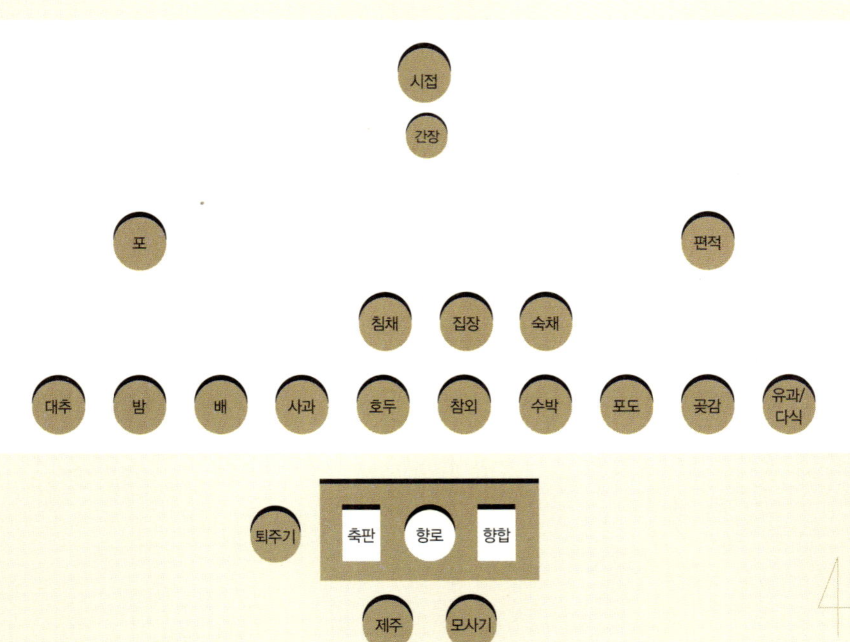

진설을 마치면 촛불을 켜고 향을 피워 출주고사를 시작한다. 제사의례는 강신, 참신의 순으로 진행된 후, 2차 진설로 메, 갱, 면, 탕, 편을 올린다. 2차 진설을 마친 상차림은 다음과 같다.

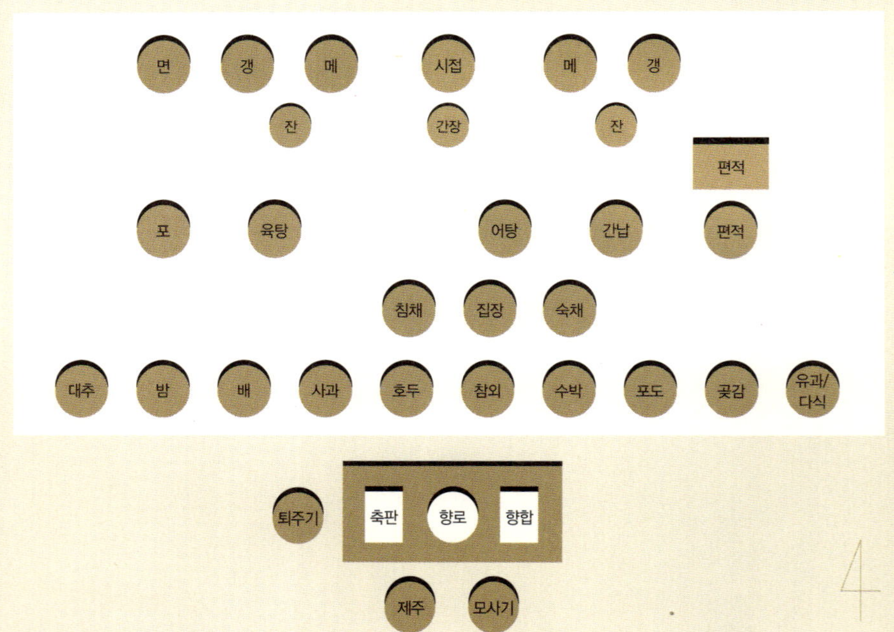

제물 진설도

초헌에는 육적을 올리고, 독축을 한다. 아헌에는 어적을 올리고, 종헌에는 계적을 각각 올렸다. 적은 육적, 어적, 계적의 순으로 높이 괴는데, 적이 무너질까봐 계적은 옆에 따로 두었다.

헌작하는 모습

이어서 유식, 합문, 계문, 진다의 순으로 제사의례를 행하고 철상해서 음복함으로써 모두 끝이 난다. 제사를 모두 마칠 무렵에는 다음과 같은 상차림이 된다.

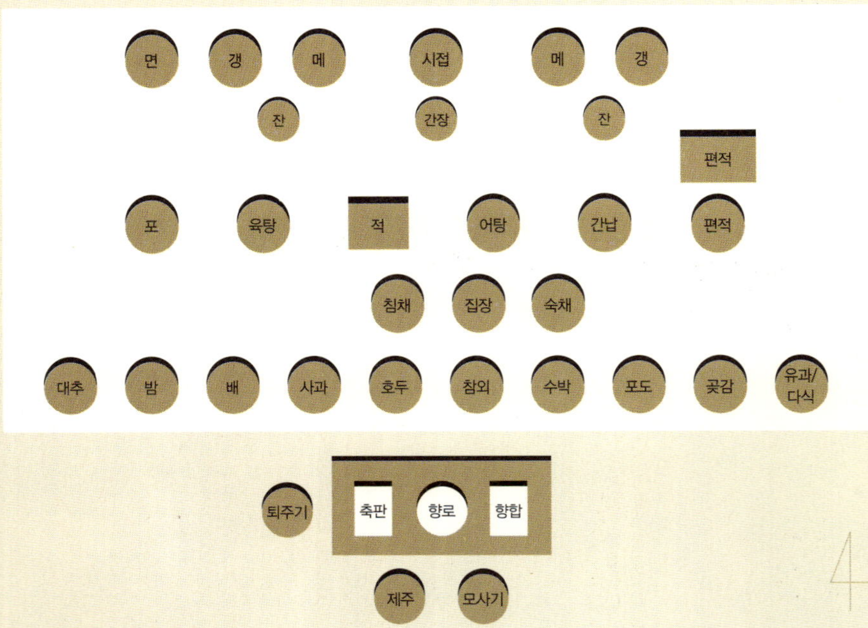

제물 진설도

음복하기

제사상을 물려서 상을 차리는데 오이냉국, 콩나물무침 등의 반찬도 함께 올렸다.

오이냉국

미역은 물에 불려 깨끗이 씻어 둔다. 오이는 껍질을 벗기고 채로

음복하는 모습

썰어 둔다. 여기에 다진 마늘, 소금, 식초를 넣는다. 마지막으로 땅콩, 잣, 물을 믹서에 갈아서 넣는다.

콩나물무침

콩나물은 뿌리를 다듬고 끓는 물에 넣어서 데친다. 물기를 뺀 콩나물은 참기름, 간장, 깨소금, 고춧가루 등을 넣은 양념에 무친다.

추석차례 음식

2005년 9월 18일 12시에 제물을 소반에 담아 사당으로 옮기는데 원위의 것부터 모신다. 제물은 제주, 편, 포, 침채, 적, 탕, 실과와 조과였다. 제주로는 막걸리를 사용했다.

편은 주로 송편을 사용했는데, 찰편, 송편, 주악, 전을 차례로 얹었다. 포로 오징어 1마리를 가지런히 잘라서 사용했다.

침채는 물김치이다.

적은 부추전, 산적, 새우전, 고구마전, 동태전, 조기, 문어, 돼지고기, 쇠고기 꼬지를 차례로 괸 것이다.

탕은 쇠고기, 무, 오징어, 문어 등을 넣고 끓인 것인데, 건더기만 탕기에 담았다.

실과와 조과는 한꺼번에 담아냈는데, 배, 사과, 오렌지, 포도, 참외, 밤, 대추를 사용했다.

상차림은 다음과 같다.

추석상차림

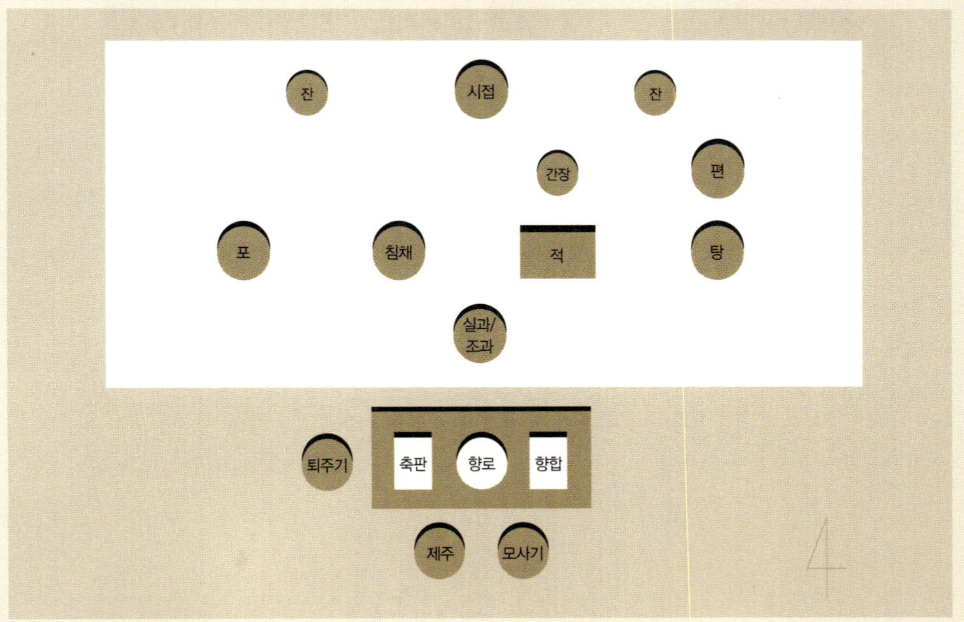

차례 진설도

과실 포

편 도적

사당에서 차례를 모시는데, 진설, 헌작의 순으로 진행되며, 첨작, 합문, 계문, 진다 등의 절차는 생략된다. 그리고 삽시정저, 사신, 철상, 음복의 순으로 진행된다. 음복은 차례상에 올렸던 떡국, 과일, 전 등으로 한다.

묘제 음식

응와 이원조의 묘제는 음력 10월 19일(2005년 11월 20일) 11시경에 경남 합천군 가야면 매화리에서 진행되었다. 묘제에 사용되는 제물은 이 마을의 김선동 씨(남, 50세)의 댁에서 준비를 한다. 김선동 씨는 과수원 1,000평 정도를 관리해주고 벌초, 시제, 묘소관리 등을 한다. 묘제에 사용되는 제물의 경비는 영수증을 첨부해 두었다가 묘제가 끝나고 종가에서 모두 돌려받는다. 장을 볼 때는 가야장(5, 10일)에 다닌다.

장보기와 제물 준비

제물은 모두 김선동 씨의 처(여, 46세)가 11월 19일과 20일에 마련을 하는데, 원래는 시어머니가 하던 것을 최근 자신이 하고 있다고

했다. 24년 전, 시집을 올 당시에는 시어머니가 떡만 담당했고, 탕, 면, 전, 적 등은 종가에서 만들어 왔으며, 메, 갱, 숙채 등은 제물로 올리지 않았다. 과거에 제물의 종류와 양이 많았는데 요즘은 많이 줄어들었다. 또한 젓갈(멸치젓, 새우젓 등)과 장류는 과거에는 사용했다고 하는데, 지금은 올리지 않았다.

제물의 목록은 제주, 포, 편, 편적, 적(육적, 어적, 계적), 실과(배, 감, 사과, 귤), 조과(밤/대추, 과자)였다. 묘제에 사용하는 제기는 따로 없고, 흰색 플라스틱 접시를 사용했다. 접시에 제물을 담아서 잘 묶어서 묘소로 가지고 간다.

제주로 막걸리를 사용했다.

포로 대구, 북어, 오징어, 문어다리, 말린 홍어의 순으로 쌓아서 사용했다.

편으로 절편 7켜, 인절미 5켜를 괴어서 썼다. 과거에는 시루떡, 인절미, 절편 3가지를 썼는데, 이번에는 시루떡을 쓰지 않았다.

편적으로 두부를 사용했는데, 두부는 길이대로 썰어서 기름을 두른 팬에 지져낸 것이다.

적은 육적, 어적, 계적을 사용하는데, 초헌, 아헌, 종헌에 각각 올리는 첨적으로 사용했다. 육적으로 돼지고기, 쇠고기, 각종 전을 사용했는데, 삶은 돼지고기와 쇠고기 꼬지, 파전, 부추전, 산적, 호박전, 고구마전, 돈저냐를 켜켜이 쌓았다. 어적으로 조기를 썼는데, 조기는 손질해서 기름을 두른 팬에서 구워낸 것이다. 계적으로 닭을 사용했는데, 닭은 손질해서 찜통에서 쪄낸 것이다.

실과는 배, 감, 사과, 귤을 썼다. 배는 위, 아래를 오려낸 것으로,

편

편적

1/3으로 괴었다. 감은 위, 아래를 오려낸 것으로, 1/3/5로 괴었다. 사과는 위, 아래를 오려낸 것으로, 1/4로 괴었다. 귤은 위, 아래를 오려낸 것으로, 1/3/5로 괴었다.

조과는 밤, 대추, 과자를 사용했다. 밤과 대추는 한꺼번에 담아내는데, 밤은 속껍질을 벗긴 것으로 올리고, 대추는 깨끗이 닦아서 사용한다. 과자는 구입해서 사용했는데, 접시에 소복이 괴었다.

묘제 지내기

묘제 당일 오전 11시쯤 제물을 싣고 묘소로 가는데, 진설을 하는 상차림은 다음과 같다.

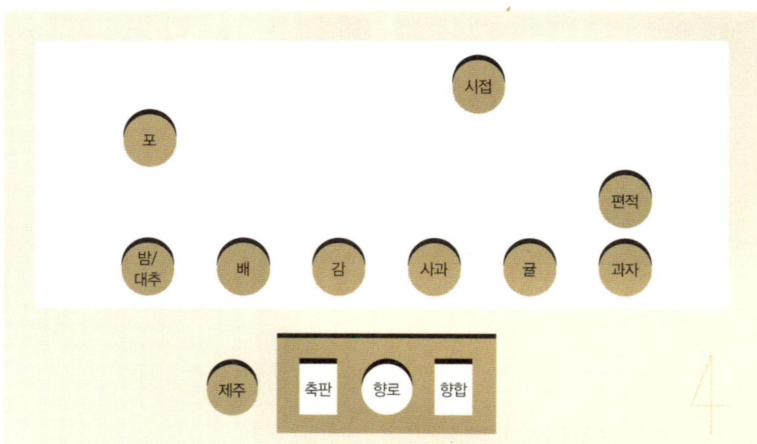

시제 진설도

묘제지내는 모습

초헌관이 강신을 행하면 편을 올리고, 초헌례, 아헌례, 종헌례를 올리며, 유식례, 합문례, 계문례, 진다의 절차는 생략한다. 초헌례에는 육적, 아헌례에는 어적, 종헌례에는 계적을 각각 올린다.

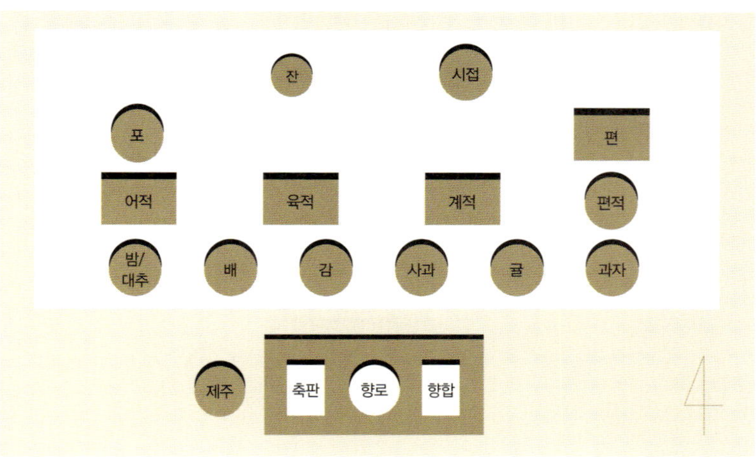

시제 진설도

제물

묘제가 모두 끝나면 산신제를 지내기 위해서 제물을 준비한다. 산신제의 제물로는 적, 제주, 포, 편, 실과(밤, 대추, 배, 감, 사과, 귤)를 사용했으며, 묘제에 올린 것보다는 비교적 간소하다. 자세한 상차림은 다음과 같다.

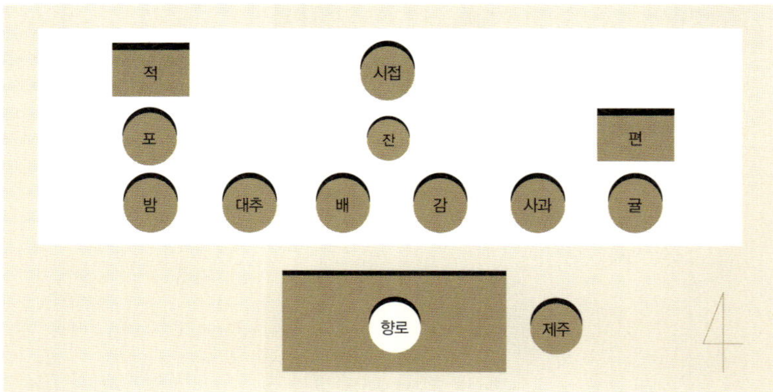

산신제 진설도

산신제 제물

적은 전(파전, 부추전, 산적, 호박전, 고구마전, 돈저냐), 삶은 돼지고기, 구운 조기를 올린 것이다.

제주는 막걸리를 사용했다.

포는 대구, 오징어, 문어다리, 말린 홍어를 괴어서 사용했다.

편은 절편 2켜, 인절미 3켜를 괸 것이다.

밤은 속껍질을 벗겨서 사용한다. 대추는 깨끗이 씻어서 사용한다.

배는 위, 아래를 오려낸 것으로, 2개를 괸 것이다.

감은 위, 아래를 오려낸 것으로, 4개, 1개의 순으로 괸 것이다.

사과는 위, 아래를 오려낸 것으로, 3개, 1개의 순으로괸 것이다.

귤은 위, 아래를 오려낸 것으로, 5개, 2개의 순으로괸 것이다.

참신 후에 편을 올려 진찬하고 헌작할 때 진적을 올리는 등 묘제의 절차와 같다.

음복하기

묘제가 모두 끝나면 묘소 한 쪽에 제물을 분류해 두고, 묘제에 사용한 전, 나물, 제주 등으로 음복을 한다. 음복이 끝나면 김선동 씨 댁으로 내려와서 점심으로 떡국을 먹는데, 날씨가 춥기 때문에 밥보다 국물이 있는 것이 좋기 때문이다. 과거에도 음복은 떡국으로 했는데 가래떡을 뽑아 와서 집에서 모두 썰었으나 지금은 기계로 썰어 온다. 떡국을 먹을 때는 음복용으로 미리 만들어 둔 배추전 등을 함께 먹고, 집으로 돌아갈 때는 제물을 각각 나눠 갖는다.

제사음식의 특징

응와 이원조 종가는 사회 · 문화적 변화로 인해 2대만 봉사를 하고 있고, 이와 더불어 음식 장만 하는 것 또한 간단하다. 제사 음식과 마찬가지로 묘제에서 사용하는 음식 역시 간소한데, 묘제 음식에서는 시간이 오래 걸리는 메, 갱, 숙채 등이 생략되었다.

제사 음식을 마련할 때는 도시에서 직장을 다니는 아들 내외가 찾아와 종부를 돕고 있다. 이 종가에서는 모든 제물의 마련과 고임은 여성이 담당하고 남성은 만들어진 제물의 진설을 담당하고 있다. 다시말해 제사 준비 및 과정에 대한 남성과 여성의 역할이 뚜렷하게 구별되어 있는 것이다.

응와 이원조 종가에서 찾아볼 수 있는 일련의 현상들은 오늘날 제사와 제사 음식이 간소화 되어가는 변화의 모습을 잘 보여주는 사례이다.

이 종가의 독특한 음식은 응와 이원조가 생전에 즐겼다는 '집장'

이다. 이것은 해마다 불천위제사에 올리는데 하룻저녁을 겨에 묻어서 익히거나, 아니면 중탕을 해서 뭉근하게 익혀야 하기 때문에 시간과 노력이 가장 많이 드는 음식이다. 그렇기 때문에 이 집장은 하루 전부터 미리 준비해 둔다.

참고문헌

『가례집람』, 『상례비요』

『격몽요결』

『백례축집』

『사례편람』

『주자가례』

경상북도예절교육연구회, 『알기쉬운 전통예절』, 한빛, 1998.

고영진, 『조선중기 예학사상사』, 한길사, 1996.

국립민속박물관, 『한국의 제사』, 2003.

권영한, 『관혼상제』, 전원문화사, 2001.

권오흥, 『유교와 석전』, 성균관, 2004.

김득중, 『실천예절개론』, 교문사, 2004.

김창선, 『상례와 제례』, 자유문고, 2002.

민족문화추진회, 『신증동국여지승람 Ⅳ』.

석전교육원, 『교양예기』, 2005.

성주군, 『성주한개마을 종합학술조사보고서』, 2004.

안동대학교민속연구소, 『제사와 문화』, 1999.

안동민속박물관, 『안동의 제사』, 2001.

유승국, 『한국의 유교』, 세종대왕기념사업회, 1999.

윤천근, 『안동의 종가』, 지식산업사, 2001.

이순형, 『한국의 명문종가』, 서울대학교출판부, 2000.

이연자, 『명문종가를 찾아서』, 컬처라인, 2002.
이연자, 『종가이야기』, 컬처라인, 2001.
이영춘, 『차례와 제사』, 대원사, 1994.
임돈희, 『조상제례』, 대원사, 1990.
임재해, 『전통상례』, 대원사, 1990.
장철수, 『한국의 관혼상제』, 집문당, 1997.
조용헌, 『명문가 이야기』, 푸른역사, 2000.
조준하, 『윤리도덕교본』, 성해문화사, 2003.
중앙일보사, 『성씨의 고향』, 1983.
지두환, 『조선전기 의례연구』, 서울대학교출판부, 1996.
최길성, 『한국의 조상숭배』, 예전사, 1987.
최완기, 『한국성리학의 맥』, 느티나무, 1993.
한국문화재보호재단, 『우리의 전통예절』, 2001.
한종수, 『관혼상제례』, 명문당, 1994.
한형주, 『조선초기 국가제례 연구』 일조각, 2002.